Renate Wagner-Wittula

Schnelle Küche

FÜR BERUFSTÄTIGE

Das Bürokochbuch

Foodfotos von
Peter Barci

pichler verlag

*Meinem Mann Christoph Wagner gewidmet,
mit dem mich (nicht nur) meine Liebe zu
kulinarischen Dingen nach wie vor verbindet.*

IMPRESSUM

ISBN: 978-3-85431-549-0

styriabooks.at

BUCHGESTALTUNG: Bruno Wegscheider
FOODSTYLING: Harald Hosemann
FOODFOTOGRAFIE: Peter Barci
Alle übrigen Fotos: © iStockphoto

REPRODUKTION: Pixelstorm, Wien
DRUCK UND BINDUNG:
Gorenjski tisk d.d., Slowenien

INHALT

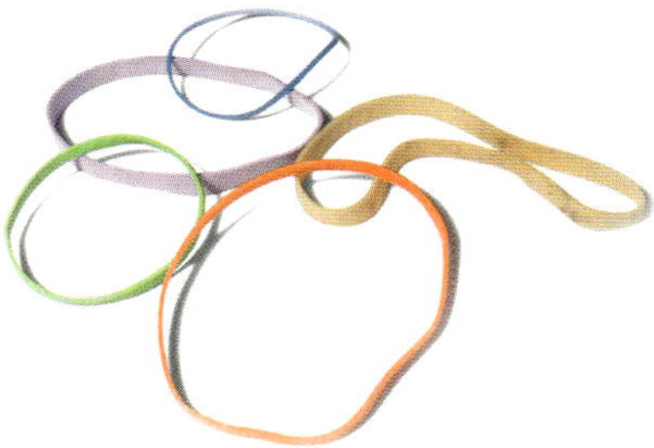

VORWORT

„Leberkässemmel, Pizza oder Döner? Was werde ich morgen in der Arbeit essen? Essen gehen kann ich nicht, da reicht die Zeit nicht dafür. Gleich in der Früh ein belegtes Baguette in der Bäckerei neben der U-Bahn kaufen? Schon wieder? Nein, bitte, bitte nicht schon wieder!“ Es wird wohl kaum einen berufstätigen Menschen geben, der außer Haus arbeitet und diesem Teufelskreis nicht des Öfteren ausgeliefert ist. Das war früher leichter. Ämter, Geschäfte, Büros hielten eine veritable Mittagspause ein, in der man nach Hause fahren oder das im liebevoll „Henkelmann“ genannten Behälter mitgenommene Essen in aller Ruhe genießen konnte. Das war damals, heute ist heute.

Heute heißt berufstätig zu sein, sich täglich neuen Herausforderungen zu stellen, dem Leistungsdruck standzuhalten, widerstandsfähig zu bleiben. Das Rad dreht sich schneller – und wir mit ihm. Das kostet Kraft und Energie – und beides ist rasch aufgebraucht. Wir sind also gezwungen, unsere Energiereserven immer öfter aufzuladen. Das funktioniert einerseits durch Aus- und Entspannen in der Freizeit, andererseits aber auch durch eine möglichst ausgewogene Ernährung, die wieder neuen Energienachschub liefert.

Fettes Fast Food, vorbereitete Fertignahrung und künstliche Zusatzstoffe sorgen zwar dafür, dass man sich kurzfristig satt fühlt, der Gesundheit ist das jedoch alles andere als zuträglich. Ganz im Gegenteil: Zu üppiges Essen macht müde, ein Umstand, der gerade im Büro überhaupt nicht erwünscht ist, auch wenn das sogenannte „Powernapping“, also der Kurzschlaf, in jüngster Zeit nicht nur nicht mehr verpönt ist, sondern in manchen Unternehmen sogar gefördert wird.

Kulinarischer Turbodiesel ist also gefragt!

Und der kommt nicht aus der Zapfsäule, sondern aus der Küche in den eigenen vier Wänden. Ohne großen Aufwand, versteht sich, denn wer hat schon Lust, nach einem langen Arbeitstag stundenlang hinter dem Herd zu stehen? Dabei nimmt dieses Buch den Begriff „Aufwand“ wirklich wörtlich. Es geht also darum, wie viel an Energie und Zeit ICH für dieses Gericht aufwende, nicht mein Herd oder mein Backofen. Ein Süppchen aufzustellen und inzwischen die Zeitung zu lesen oder andere Hausarbeiten zu erledigen, stellt keinen großen Aufwand dar. Und hin und wieder ist es als Ausgleich zu stundenlangem Sitzen vor dem Computer ja auch ganz nett, Teigtäschchen selbst zu füllen, Palatschinken zu backen oder Schnee zu schlagen, oder etwa nicht?

Aber keine Angst, lange Garzeiten kommen ohnehin nur in Ausnahmefällen vor. Im Vordergrund steht das schnelle Zubereiten von Gerichten, die man zum größten Teil auch in die Arbeit mitnehmen kann. Der gute, alte Henkelmann, der mittlerweile Frischhaltebox heißt, lebe also doch wieder hoch!
Dieses Buch richtet sich folglich an alle jene, die berufstätig sind, nicht auf schmackhaftes, gesundes Essen verzichten und zudem bei der Vorbereitung noch Spaß haben wollen. Dank leichter Rezepte, die keinerlei Vorkenntnisse voraussetzen und schrittweise vorgehen, ist das freudvolle Kochen garantiert. Die Zutaten dafür sind in jedem gut sortierten Supermarkt erhältlich.
Das Schwergewicht des Buches liegt zunächst auf jenen Gerichten, **die zu Hause gekocht** und am nächsten Tag **in das Büro mitgenommen** werden. Freilich können und sollen die Rezepte abends gleich verkostet werden. Wie das Gericht für den Transport ins Büro vorbereitet und dort am nächsten Tag zubereitet wird, erklärt ein eigener Arbeitsgang: Finale für das Büro. Aus einem Gericht werden somit zwei, mitunter auch mehrere Mahlzeiten. Märchenhaft, wie ein Tischlein deck dich!
In den Kapiteln zwei – **Kochen im Büro** – und drei – **Kochen nach dem Büro**, nach einem langen Arbeitstag – geht es dafür Schlag auf Schlag. Da wird keine Zeit vertrödelt, hier ist Schnelligkeit angesagt! Im Büro wird bis auf wenige Ausnahmen zumeist ohne Hitzequelle gearbeitet, die Liste der nötigen Zutaten ist so klein wie möglich gehalten und die Zubereitungsdauer beschränkt sich auf ein Mindestmaß. Allerdings vergesse man dabei nicht, dass Karottenschneiden mit den Kollegen das Arbeitsklima erheblich verbessern kann – Stichwort: **Socializing!**
Effektiv, allerdings mit ein bisschen mehr Bedacht gestaltet sich das letzte Kapitel **Kollegenalarm**, das feine Rezepte für den Besuch von anspruchsvollen Arbeitskollegen parat hält. Besondere Gelegenheiten verlangen besondere Rezepte, die Eindruck in Sachen Gourmet-Kompetenz vermitteln, aber ebenfalls rasch umzusetzen sein sollten. Dazwischen geben Tipps und Info-Kästen nützliche Ratschläge für den kulinarischen Alltag von Berufstätigen.
In diesem Sinne wünsche ich Ihnen so manch lustvolle Stunde in der Küche, viel Erfolg am heimischen Esstisch und endlich die herbeigesehnte kulinarische Abwechslung am Arbeitsplatz!

Guten Appetit!
Renate Wagner-Wittula

1. TISCHLEIN DECK DICH!

Einmal zu Hause kochen – doppelt genießen

Kürbispuffer mit Räucherlachs. Rezept Seite 40

Aus 1 mach 2

GEFÜLLTE ZUCCHINIRÖLLCHEN

ZUTATEN FÜR 4 PORTIONEN

3 Zucchini
1 Pkt. Feta (fester Schafkäse)
ca. 150 g Gervais oder Frischkäse
je 1 gelbe und grüne Paprikaschote
1 kl. Chilischote
1 TL Kapern
3–4 EL frischer Oregano oder Thymian
Paprikapulver und Mehl
Salz, Pfeffer
Oliven- oder Rapsöl

ZUBEREITUNG

Die Zucchini in nicht zu dünne Scheiben hobeln. Salzen, pfeffern und mit etwas Paprikapulver bestreuen. In Mehl wenden und das überschüssige Mehl wieder zart abklopfen. In einer Pfanne etwas Olivenöl erhitzen und die Zucchinischeiben nacheinander auf beiden Seiten goldbraun braten. Dabei bei Bedarf immer wieder frisches Öl nachgießen. Herausheben und auf Küchenkrepp abtropfen lassen.

Paprikaschoten halbieren, entkernen und kleinwürfelig schneiden. Die Chilischote ebenfalls halbieren, Kerne entfernen und Chili in sehr feine Würfel schneiden. Kapern mit dem Messer zerdrücken oder fein hacken. Nun den Schafkäse zerbröseln und mit Gervais verrühren, Paprika, Chili sowie Kapern einrühren und mit Salz, Pfeffer und Oregano abschmecken. Die Zucchinischeiben auflegen, jeweils etwas Käsemasse auftragen und zu Röllchen zusammenrollen. Mit einem Partystick oder Zahnstocher fixieren.

FINALE FÜR ZU HAUSE

Zucchiniröllchen anrichten und mit frischem Fladenbrot servieren.

FINALE FÜR DAS BÜRO

Zucchiniröllchen abgedeckt kühl stellen und im Büro mit knusprigem Brot genießen.

Die besten Tipps für Jausenbrot & Co.

Das muss ein anderes Fast Food einmal schaffen, was so ein simples Jausenbrot vom alten Schlag locker bringt. Vorausgesetzt, man lässt seiner Fantasie freien Lauf und nimmt sich morgens 5 Minuten Zeit.

- Bereiten Sie Ihren Brötchen-Snack erst am Morgen zu. Zu lange Lagerung im Kühlschrank lässt die Brote „quatschig“ werden.
- Überlegen Sie bereits am Vorabend, was Sie am nächsten Morgen brauchen werden, und bereiten Sie die Zutaten, soweit es möglich ist, vor (Stichwort: Eier hart kochen).
- Setzen Sie sich zum Ziel, in einer Woche niemals den gleichen Brötchenbelag zweimal mit in die Arbeit zu nehmen. Durch die Abwechslung schmeckt's gleich noch einmal so gut.
- Verlassen Sie den altgewohnten Brötchentango aus Wurst, Käse, Wurst und Käse. Variieren Sie mit frischem Gemüse, das nicht nur neue Geschmackserlebnisse bringt, sondern auch gesund ist.
  Besonders gut eignen sich dafür in Scheiben geschnittene Salatgurken, Tomaten, Paprika, Zucchini, Stangensellerie, feine Streifen von Erbsenschoten, Kohlrabi, Karotten oder Frühlingszwiebeln.
- In den Kühlvitrinen der Supermärkte lagert eine Vielzahl von Aufstrichen, die sich auch statt Butter als Unterlage hervorragend eignen: Gervais, Frischkäse mit oder ohne Kräuterzusatz, Schmelzkäse, Grünkern-, Soja- oder Tofuaufstriche usw.
- Aufstriche, Mayonnaisen und fertige Salate aus dem Supermarkt mit hohem Fettanteil sollten in der Regel eher die Ausnahme bilden und nicht umgekehrt. Ersetzen Sie die Kalorienbomber lieber durch selbst gemachten Kräutertopfen. Dann darf's als Belohnung auch wieder mal Erdnussbutter sein.
- Betreten Sie mitunter neue Wege und kombinieren Sie etwa Käsescheiben mit aufgeschnittenem Obst, feinen Schinken mit Erdbeerhälften ...
- Sorgen Sie durch eine bunte Vielfalt an Gebäck für Abwechslung in Ihrem Jausenbrotreigen. Fast jedes Gebäck lässt sich zur Jause umfunktionieren, nicht nur geschnittenes Schwarz- und Weißbrot.

Aus 1 mach 2

GEMÜSESTICKS MIT PAPRIKA- UND KRÄUTERDIP

ZUTATEN FÜR 3–4 PORTIONEN

Rohes Gemüse nach Geschmack und Saison: Karotten, Kohlrabi, Staudensellerie, Paprikaschote, Salatgurke, Radieschen, Zucchini etc.

FÜR DEN PAPRIKADIP

150 g Topfen
2 EL Sauerrahm
2 EL Schlag- oder Kaffeeobers
1 Schalotte
etwas Chilischote
1/2 TL scharfer Senf
1/2 eingelegtes Sardellenfilet
1/2 TL Kapern
1 KL Tomatenmark
1 TL Ajvar
Chilipulver
Paprikapulver
Salz, Pfeffer

FÜR DEN KRÄUTERDIP

150 ml Sauerrahm
1–2 EL Kräutergervais
1 hart gekochtes Ei
2 Essiggurkerl
mit Wasser aus dem Glas
3 EL gehackte Kräuter (Schnittlauch, Petersilie, Kresse, Basilikum etc.)
Salz, Pfeffer

ZUBEREITUNG

Für den Paprika-Dip Sardellenfilet, Kapern, Chilischote und Schalotte fein schneiden und mit Topfen, Sauerrahm sowie Obers vermengen. Mit Senf, Tomatenmark, Ajvar, Chili- und Paprikapulver, Salz sowie Pfeffer recht pikant abschmecken.
Für den Kräuter-Dip gekochtes Ei und Essiggurkerln fein hacken und mit den restlichen Zutaten vermengen. Mit etwas Essiggurkerlwasser zu einem sämigen Dip verrühren.

FINALE FÜR ZU HAUSE

Das Gemüse je nach Sorte putzen, schälen, waschen und längliche Streifen schneiden. Die Dips in netten Schälchen anrichten und die Gemüsesticks darin eintauchen. Dazu Vollkorn- oder Schwarzbrot servieren.

FINALE FÜR DAS BÜRO

Dips abgedeckt kühl stellen. Das Gemüse erst knapp vor dem Weggehen oder am besten erst im Büro in Streifen schneiden. Die Dips im Büro nochmals durchrühren, in Schalen anrichten und mit den Gemüsesticks sowie frischem Brot auftragen.

Aus 1 mach 2

MELANZANI-ZUCCHINI-GEMÜSE IN KNOBLAUCHÖL

ZUTATEN FÜR 2–3 PORTIONEN

1 Melanzani
2 Zucchini
Je 1 rote und grüne Paprikaschote
Olivenöl
Salz, Pfeffer

FÜR DIE MARINADE

5–7 Knoblauchzehen
300–400 ml Olivenöl
1 kl. Chilischote
Schuss scharfe Chilisauce
1 Bund Petersilie
Zitronensaft
Salz, Pfeffer

ZUBEREITUNG

Melanzani gut waschen, in Scheiben schneiden, salzen und etwa 30 Minuten stehen lassen.
Inzwischen das Backrohr auf 200-220 °C vorheizen. Paprikaschoten rundum mit Öl bestreichen, auf ein mit Backpapier belegtes Backblech legen und im heißen Backrohr backen, bis die Haut ziemlich dunkel geworden ist und sich leicht abziehen lässt (vorher etwas abkühlen lassen). Geschälte Paprika in Streifen schneiden.
Zucchini in Scheiben schneiden, salzen und pfeffern. Die mit Küchenkrepp gut abgetupften Melanzani pfeffern und ebenso wie die Zucchini in heißem Olivenöl nach und nach goldgelb braten. Jeweils herausheben und in eine passende flache Form einschichten. Paprikastreifen ebenfalls zugeben.
Für die Marinade Knoblauchzehen sehr fein hacken. Chili halbieren, Kerne entfernen und Schote in sehr feine Streifen schneiden. Petersilie grob hacken. Olivenöl mit sämtlichen Zutaten vermengen, salzen und pfeffern. Über das Gemüse träufeln und mit Folie abdecken.

FINALE FÜR ZU HAUSE

Mindestens 30 Minuten ziehen lassen und dann mit knusprigem Weißbrot auftragen.

FINALE FÜR DAS BÜRO

Am besten über Nacht abgedeckt bei Raumtemperatur ziehen lassen. In Frischhaltebox füllen und im Büro mit frischem Weißbrot servieren.

Kollegentratsch

Also, wenn wir schon auf Antipasti machen, dann nehm' ich noch etwas Prosciutto und ein Stück jungen Parmesan mit. Einverstanden?

Aus 1 mach 2

ROTER HERINGSSALAT MIT PUMPERNICKELTÜRMCHEN

ZUTATEN FÜR 2–3 PORTIONEN

4–6 Heringsfilets (oder Matjesfilets)
1/2 kleine gekochte Rote Rübe (im Supermarkt erhältlich)
2 gekochte Erdäpfel
2 Essiggurkerl
1/2 Apfel
2 Schalotten
200–250 ml Sauerrahm
2 EL eingemachte Preiselbeeren
Zitronensaft
2 EL gehackte Dille
Salz, Pfeffer
Pumpernickelscheiben nach Bedarf (oder anderes Vollkornbrot)
Butter
Zitronenspalten und Dill - zweiglein zum Garnieren

ZUBEREITUNG

Heringsfilets in Streifen schneiden, mit etwas Zitronensaft beträufeln und kurz ziehen lassen. Rote Rüben, Erdäpfel, Essiggurkerl und den Apfel in kleine Würfel schneiden. Die Schalotten feinwürfelig schneiden und alles unter den Matjes mengen. Rahm zugeben und mit Preiselbeeren, etwas Essiggurkerlsaft, Salz, Pfeffer und Dille pikant abschmecken. In den Kühlschrank stellen und mindestens 30 Minuten ziehen lassen.

FINALE FÜR ZU HAUSE

Inzwischen die Pumpernickelscheiben großzügig mit Butter bestreichen und jeweils drei oder vier Scheiben aufeinandersetzen.
Die letzte Pumpernickelscheibe sollte nicht mehr bestrichen sein. Jeweils zweimal durchschneiden, wodurch je 4 Türmchen entstehen. Heringssalat anrichten, mit Dille sowie Zitronenspalten garnieren und mit den Pumpernickeltürmchen servieren.

FINALE FÜR DAS BÜRO

Fertigen Salat in eine Frischhaltebox geben und kühl stellen. Die Pumpernickelscheiben erst im Büro mit Butter bestreichen und mit dem garnierten Heringssalat anrichten.

Aus 1 mach 2

PALATSCHINKENTORTE MIT RÄUCHERLACHS

Foto Seite 16/17

Dieses Rezept hat einen Nachteil: Es schmeckt zu gut – und kaum hat man's sich versehen, hat man zu viel davon gekostet. Also ist es durchaus sinnvoll, die Kaloriensünde gleich im Voraus zwischen Büro und zu Hause aufzuteilen. Ich bereite daher meist 2 kleine Torten zu.

ZUTATEN FÜR 1 TORTE (ODER 2 KLEINE FORMEN)

8–12 Palatschinken
je nach Größe der Form
oder fertige Palatschinken)
300–400 g Räucherlachs
3–4 rote Zwiebeln
1 Salatgurke
500–750 g Mascarpone
je nach Tortenform
200–300 g Sauerrahm
5–7 Blatt Gelatine
Milch zum Auflösen
3–4 EL gehackte Dille
Chilipulver
Salz, Pfeffer
2 Zitronen
Dille und gehackte
Frühlingszwiebeln zum
Garnieren

ZUBEREITUNG

Mascarpone und Sauerrahm miteinander verrühren. Gelatine in kaltem Wasser kurz einweichen, in sehr wenig warmer Milch auflösen und unter die Masse rühren. Kräftig mit Salz, Pfeffer, Chili und gehackter Dille abschmecken. Zwiebeln in Ringe schneiden, Gurke schälen, der Länge nach halbieren und die Kerne herauskratzen. Gurke mit Küchenkrepp abtupfen und in Streifen schneiden. Nun eine passende Spring- oder Auflaufform (oder noch besser 2 kleinere Formen) mit einer Lage Palatschinken auslegen. Dafür die Palatschinken bei Bedarf auf die erforderliche Größe zuschneiden. Mit Mascarponecreme bestreichen, etwas Räucherlachs auflegen und einige Zwiebelringe sowie Gurkenstreifen darübergeben. So lange wiederholen, bis alles verbraucht ist, und mit Palatschinken abschließen. Dabei etwas Mascarponecreme für die Garnitur zur Seite geben. Torte mit Folie abdecken und im Kühlschrank eine gute Stunden (oder besser noch länger) kalt stellen. Die Creme ebenfalls kühl lagern. Torte herausheben und mit der restlichen Creme obenauf bestreichen. (Werden 2 kleinere Torten zubereitet, eine nicht mit Creme bestreichen.)

FINALE FÜR ZU HAUSE

Zitronen in Scheiben schneiden, jede Scheibe einmal kurz einschneiden und kelchartig zusammendrehen. Torte mit Zitrone, Dillzweiglein und etwas gehackten Frühlingszwiebeln garnieren.

FINALE FÜR DAS BÜRO

Zweite Torte im Büro mit Creme bestreichen und garnieren oder den Rest der großen Torte einfach kühl stellen und am nächsten Tag mitnehmen.

Palatschinkentorte mit Räucherlachs. Rezept Seite 15

Aus 1 mach 2

GEFLÜGELLEBERPASTETE AUF SCHNELLE ART

Wenn ich zufällig nur Truthahnleber zur Verfügung habe, so brate ich die Leber in etwas mehr Butter, damit die Pastete nicht zu trocken gerät. Vor einigen Jahren überraschte mich ein Freund einmal mit einer beachtlichen Menge von topfrischer Fischleber. Die habe ich ebenso zubereitet – ein Genuss, der mir unvergesslich bleiben wird!

ZUTATEN FÜR 4 PORTIONEN

300 g Geflügelleber (möglichst helle Leber von Hühnern, Enten, Gansln)
1 Bund Jungzwiebeln (oder 1 mittlere Zwiebel)
2 hart gekochte Eier
2–3 EL Butter oder Butterschmalz
Knoblauch nach Geschmack
1 Msp. Dijonsenf
Pastetengewürz
Muskatnuss
Salz, Pfeffer

FÜR DIE GARNITUR

Hart gekochte Eier
Cocktailtomaten, Radieschen, Gurkerl und/oder kleiner abgemachter Salat
Gehackte Petersilie
Vollkorntoast oder frisches Schwarzbrot

ZUBEREITUNG

Jungzwiebeln fein, die gut geputzte Leber klein schneiden. In einer Pfanne die Zwiebeln mit der Geflügelleber in Butter langsam garen, bis die Leber innen nicht mehr blutig, aber trotzdem noch saftig ist. Inzwischen die Eier schälen und möglichst klein schneiden oder hacken. Leber vom Herd nehmen und etwas überkühlen lassen. Dann die Leber mit einer Gabel zerdrücken und mit den gehackten Eiern vermengen. (Oder cuttern, die Pastete verliert dadurch allerdings etwas an Biss!) Fein gehackten Knoblauch nach Belieben zugeben und mit Salz, Pfeffer und je einer Messerspitze Muskatnuss, Pastetengewürz sowie Dijonsenf würzig abschmecken. (Die Pastete schmeckt kalt weniger würzig als warm!) In ein dekoratives Gefäß (Töpfchen oder Glas) umfüllen, mit Klarsichtfolie abdecken und bei Zimmertemperatur auskühlen lassen.

FINALE FÜR ZU HAUSE

Aus der abgekühlten Geflügelleberpastete mit einem Esslöffel Nockerln ausstechen und auf Tellern anrichten. Rundum mit abgemachtem Salat, Tomaten, Radieschen oder Gurkerln sowie Eierscheiben nach Belieben garnieren. Mit wenig gehackter Petersilie bestreuen. Die Toasts auf beiden Seiten knusprig rösten und dazu reichen.

FINALE FÜR DAS BÜRO

Pastete am besten direkt vom Töpfchen auf frisches, knuspriges Schwarzbrot streichen. Ganz nach Lust und Geschmack mit Eierscheiben, Radieschen, Gurkerln und Tomaten belegen.

NUDELSALAT MIT ERDNUSSDRESSING

Aus 1 mach 2

ZUTATEN FÜR 3–4 PORTIONEN

300 g Penne oder Spiralen
150 g Schinken im Ganzen
150 g Emmentaler, Gouda etc.
1 Stangensellerie
2 gekochte Eier
Salz

FÜR DAS DRESSING

4–5 EL Erdnussbutter
2 EL Schlagobers oder Crème fraîche
1 EL Zitronensaft
1 Schuss Sesamöl
gehackter Chili oder Cayennepfeffer nach Geschmack
Salz, Pfeffer

ZUBEREITUNG

Zunächst die Nudeln in reichlich Salzwasser nach Anleitung al dente kochen, kalt abschrecken und in einem Sieb abtropfen lassen. Schinken sowie Käse in kleine Würfel, den Stangensellerie in Scheiben schneiden.
Für das Dressing das flüssige Schlagobers mit sämtlichen Zutaten vermengen und je nach Geschmack mehr oder weniger scharf abschmecken. Nun die gekochten Nudeln mit Schinken, Käse und Sellerie vermengen. Das Dressing einrühren und den Salat nochmals abschmecken.

FINALE FÜR ZU HAUSE

Ein gekochtes Ei schälen, in Scheiben schneiden und jenen Teil des Nudelsalates, der zu Hause gegessen wird, damit garnieren.

FINALE FÜR DAS BÜRO

Restlichen Salat mit Folie abdecken und über Nacht kühl stellen. Im Büro das zweite Ei schälen, schneiden und den Salat damit garnieren.

Die 10 Goldenen Regeln für Genießer im Büro

1. Vermeiden Sie allzu deftige und fette Gerichte, deren Genuss nur müde und schläfrig macht.
2. Vernaschen Sie zwischendurch frisches Obst, Rohkostgemüse oder Joghurt. Der kurze Imbiss vertreibt allfällige Müdigkeit und sorgt für Energienachschub.
3. Achten Sie bei der Auswahl Ihrer Speisen, die Sie im Büro genießen wollen, dass deren Aroma die Kollegen nicht belästigt (Stichwort: Knoblauch!).
4. Alkohol sollten Sie nicht nur aus oben genanntem Grund am Arbeitsplatz meiden, er lässt Sie auch müde und unkonzentriert werden. Verschieben Sie das Gläschen auf die Blaue Stunde nach Dienstschluss.
5. Bevorzugen Sie bei Büro-Gerichten Speisen, die nicht allzu sehr bröseln oder gegebenenfalls unschöne Flecken hinterlassen.
6. Und wenn es doch einmal Gulasch sein muss, so benützen Sie während des Essens eine schicke Stoffserviette, die Sie sich vor heiklen Terminen am besten mit netten Serviettenklammern umhängen.
7. Versuchen Sie an Ihrem Arbeitstisch wirklich nur kleinste Imbisse (Äpfel & Co.) zu essen. Fettflecken auf den Unterlagen machen sich nicht gut. Alles andere sollte wenn möglich in der Teeküche gegessen werden.
8. Wenn Sie essen, versuchen Sie den Büroalltag möglichst zu vergessen. Entspannt genossenes Essen schmeckt besser – und erzielt zudem einen größeren Erholungseffekt.
9. Gestalten Sie auch das Essen im Büro kultiviert. Der mentale und im Idealfall auch räumliche Wechsel zum Essen sorgt für eine Zäsur in Ihrem Tagesablauf und hilft Ihnen besser abzuschalten.
10. Trinken Sie während Ihres Arbeitstages genug! Stellen Sie dafür stets einen Krug Wasser, eine Kanne Tee oder Fruchtsaft bereit.

Aus 1 mach 2

KICHERERBSENSALAT MIT FISOLEN UND PAPRIKA

ZUTATEN FÜR 4–5 PORTIONEN

250 g getrocknete Kichererbsen (oder 2 Dosen Kichererbsen)
je 1 rote und 1 weiße Zwiebel
400 g Fisolen
je 1 rote und 1 grüne Paprikaschote
ca. ½ EL Garam masala
Muskatnuss
Zimtpulver
Natron
2–3 EL gehackter Koriander oder Petersilie
Zitronensaft
Essig und Öl oder 1–2 Becher Joghurt zum Marinieren
Salz, Pfeffer
2–3 hart gekochte Eier nach Belieben als Garnitur

ZUBEREITUNG

Kichererbsen in kaltem Wasser einweichen und entsprechend der Anleitung weich kochen. Fisolen zuputzen und in 2 cm lange Stückchen schneiden. Reichlich Salzwasser mit einer Prise Natron aufkochen lassen und Fisolen einige Minuten darin bissfest kochen. Gekochte Kichererbsen und Fisolen jeweils abgießen und abtropfen lassen.
Inzwischen die weiße Zwiebel in Streifen, die rote in Ringe schneiden. Paprikaschoten entkernen und in mundgerechte Streifen schneiden. Garam masala mit je einer kräftigen Prise Zimt und Muskatnuss in einer Pfanne ohne Fett bei mäßiger Hitze einige Minuten rösten, bis sich das Aroma voll entfaltet hat. Nun das vorbereitete Gemüse miteinander vermengen. Einen kräftigen Spritzer Zitronensaft zugeben, salzen, pfeffern und die gerösteten Gewürze einrühren. Je nach Geschmack mit Essig und Öl oder Joghurt marinieren und mindestens 30 Minuten kühl ziehen lassen.

FINALE FÜR ZU HAUSE

Vor dem Servieren mit frisch gehacktem Koriander bestreuen und nach Belieben mit einem in Spalten geschnittenen Ei garnieren.

FINALE FÜR DAS BÜRO

Koriander untermengen und Salat abgedeckt kühl ziehen lassen. Im Büro nochmals gut durchmischen und nach Belieben mit einem in Spalten geschnittenen Ei garnieren.

Mie-Nudel-Salat
mit Sesam-Hühnerbrust
Rezept Seite 24

Aus 1 mach 2

MIE-NUDEL-SALAT MIT SESAM-HÜHNERBRUST

Foto Seite 22/23

ZUTATEN FÜR 2 PORTIONEN

1 Hühnerbrust
100 g Mie-Nudeln
50 g eingelegte Shii-Take-Pilze
je ½ rote und grüne Paprikaschote
4 kleine Maiskölbchen
1 Handvoll junge Erbsenschoten
1 kl. Stück Ingwer
Sesamöl
Salz, Pfeffer
Sesamkörner
2–3 EL Butter oder Butterschmalz
frisch gehacktes Koriandergrün (ersatzweise Petersilie)

FÜR DIE MARINADE

2 EL Sojasauce
1 EL Reiswein oder trockener Sherry
1 KL Sesamöl
1 Msp. Chilipulver

ZUBEREITUNG

Mie-Nudeln einige Male brechen (am besten in einem Säckchen). In reichlich Salzwasser nach Anleitung einige Minuten weich kochen. Abgießen, kalt abschrecken und abtropfen lassen. In eine Schüssel geben und mit einem kräftigen Schuss Sesamöl vermengen. Paprikaschoten entkernen und in feine Streifen schneiden. Ingwer schälen und reiben oder sehr fein schneiden. Paprika, Shii-Take-Pilze sowie Ingwer unter die Nudeln rühren.
Für die Marinade Sojasauce mit Reiswein, Sesamöl und Chilipulver gut verrühren. Über die Nudeln gießen, gut durchmischen und kühl ziehen lassen. Währenddessen die Hühnerbrust in Streifen schneiden. Salzen, pfeffern und in Sesamkörnern wälzen. Die Maiskölbchen nach Belieben klein schneiden. In einer Pfanne Butter oder Butterschmalz erhitzen. Die Hühnerstreifen gemeinsam mit den Erbsenschoten und Maiskölbchen einlegen und alles bei milder Hitze (Achtung, Sesam wird rasch dunkel!) langsam einige Minuten rundum durchbraten.

FINALE FÜR ZU HAUSE

Die fertig gebratenen Hühnerstreifen samt dem Gemüse herausheben und auf Küchenkrepp kurz abtropfen lassen. Den Salat auf Tellern anrichten, die warmen Hühnerstreifen, Erbsenschoten und Maiskölbchen dekorativ darauf anrichten und mit frischem Koriander bestreuen.

FINALE FÜR DAS BÜRO

Die fertig gebratenen Hühnerstreifen und Gemüse herausheben, mit Küchenkrepp abtupfen und auskühlen lassen. Dann unter den Salat mischen, mit Klarsichtfolie abdecken und ziehen lassen. Im Büro vor dem Servieren nochmals durchmischen und mit frischem Koriander bestreuen.

= Kollegentratsch

Also, ich hab's ja nicht so mit chinesischem Essen. Könntest du den Salat nicht mit richtigen Nudeln und ohne diese Pilze machen? Und Balsamico wär'mir auch lieber als Sojasauce, aber sonst klingt alles super ...

Warme Gerichte, die im Büro auch am nächsten Tag köstlich schmecken

ERDÄPFELGULASCH

Aus 1 mach 2

Für die Mikrowelle im Büro

ZUTATEN FÜR 4–6 PORTIONEN

1 kg Erdäpfel
50 g durchzogener Speck
2–3 Paar Debreziner, Zigeunerwürstel oder andere kräftige Wurst
2 große Zwiebeln
1 rote Paprikaschote
1½ EL edelsüßes Paprikapulver
1 EL Tomatenmark
Schuss Weinessig
300–400 ml klare Rindsuppe oder Wasser
je 1 Prise Kümmel, Majoran
Salz, Pfeffer
4–5 EL Butterschmalz oder Pflanzenöl
Paprikapulver und Sauerrahm zum Garnieren

ZUBEREITUNG

Speck und Zwiebeln kleinwürfelig, die Erdäpfel in mundgerechte Würfel schneiden. In einem Topf Butterschmalz erhitzen und Speck sowie Zwiebeln bei mittlerer Hitze sehr langsam anschwitzen, bis die Zwiebeln hellgelb gebraten sind. Paprikapulver darüberstreuen, mit einem Schuss Essig ablöschen und Tomatenmark einrühren. Rindsuppe oder Wasser zugießen und einmal aufkochen lassen.
Dann die Erdäpfelwürfel einmengen. Mit Kümmel, Majoran, Salz sowie Pfeffer gut würzen und alles zugedeckt 15 Minuten köcheln lassen. Dabei ab und an umrühren und bei Bedarf noch etwas Suppe oder Wasser zugießen, damit die Erdäpfel stets gut mit Flüssigkeit bedeckt sind. Paprikaschote entkernen und in Streifen schneiden. Die Würste in Scheiben schneiden und alles zugeben. Das Gulasch noch weitere 5–10 Minuten mollig einkochen lassen.

FINALE FÜR ZU HAUSE

Das fertige Gulasch in vorgewärmten Tellern anrichten. Mit jeweils einem Tupfer Sauerrahm garnieren und diesen wiederum mit etwas Paprikapulver bestreuen.

FINALE FÜR DAS BÜRO

Im Büro in der Mikrowelle oder in einem Topf nochmals erhitzen. Anrichten und nach Belieben mit frischem Gebäck servieren.

Aus 1 mach 2

FRITTATA MIT ERBSEN UND BRESAOLA

Foto Seite 28/29

ZUTATEN FÜR 4 PORTIONEN

50–70 g Bresaola (luftgetrockneter Rinderschinken oder anderer luftgetrockneter Schinkenspeck)
150 g Erbsen
8 Eier
1 EL gehackte Petersilie
2–3 EL Mehl nach Belieben
Salz, Pfeffer
Butter und/oder Öl

FÜR DIE GARNITUR

Marinierter Blatt-, Tomaten- oder Gurkensalat

ZUBEREITUNG

Die Erbsen in wenig Salzwasser weich kochen, abseihen und abtropfen lassen. Bresaola oder Schinkenspeck in feine Streifen schneiden. Eier in eine Schüssel schlagen und leicht verquirlen. Erbsen und Schinken zugeben und mäßig mit Salz sowie Pfeffer würzen. (Nicht zu viel salzen, da der Schinken mitunter relativ geschmacksintensiv sein kann!) Petersilie einrühren und einige Minuten stehen lassen. Für eine etwas kompaktere Frittata nach Belieben noch ein wenig Mehl einrühren.
In einer Palatschinkenpfanne Butter und/oder Öl erhitzen. Je nach Größe der Pfanne ein Viertel oder die Hälfte der Masse eingießen, die Pfanne kreisförmig schwenken, um den Teig regelmäßig zu verteilen, und die Frittata goldgelb backen. Mit einem Bratenwender vorsichtig wenden und fertig backen. Herausheben und den restlichen Teig ebenso verarbeiten.

FINALE FÜR ZU HAUSE

Frittata aus der Pfanne heben, auf eine vorgewärmte Vorlegeplatte legen und wie eine Torte in Stücke schneiden. Mit mariniertem Salat servieren.

FINALE FÜR DAS BÜRO

Fertig gebackene Frittata herausheben und auf einem Teller auskühlen lassen. In kleinere Stücke teilen und in eine Frischhaltebox legen. Im Büro mit beliebigem Salat genießen.

Frittata mit Erbsen und Bresaola
Rezept Seite 27

Aus 1 mach 2

CRÊPES MIT LACHSFÜLLE

Palatschinken, Crêpes, Pfannkuchen, Omeletten – sie alle sind mir gleich lieb, da sich in ihnen nahezu alles verpacken lässt, was der Kühlschrank gerade so hergibt. Ich habe meist ein, zwei fertige Palatschinken als Vorrat im Eiskasten. Die kommen dann bei plötzlichen Hungerattacken zum Einsatz – gefüllt mit geriebenem Käse, Schinken, geschnittenen Tomaten oder was auch immer ...

ZUTATEN FÜR 4 PORTIONEN

500 g Räucherlachs
250 g Crème fraîche
1 TL Wasabikren
1 Bund Dille
Zitronensaft
Salz, weißer Pfeffer

FÜR DIE CRÊPES

300 ml Milch
100 ml Mineralwasser
200 g Mehl
3 Eier
1 EL gehackte Dille
2 EL flüssige Butter
Salz
Pflanzenöl

ZUBEREITUNG

Für den Crêpeteig Milch und Mineralwasser mit Mehl, Eiern, gehackter Dille und flüssiger Butter gut verrühren. Salzen und einige Zeit anziehen lassen.
Inzwischen den Lachs in möglichst feine Streifen schneiden. Mit Crème fraîche verrühren, Dille fein hacken und gemeinsam mit dem Wasabikren untermengen. Salzen, pfeffern und mit einem Schuss Zitronensaft würzig aromatisieren.
Nun in einer Palatschinkenpfanne wenig Öl erhitzen, etwas Teig eingießen und die Crêpes nacheinander herausbacken.

FINALE FÜR ZU HAUSE

Etwas Lachsfülle auf einen Teil der Crêpes auftragen, in der Hälfte zusammenklappen und nochmals übereinander schlagen. Rasch auftragen.

FINALE FÜR DAS BÜRO

Die restlichen Crêpes ebenfalls mit Lachsfülle bestreichen, zusammenrollen und jedes Röllchen mit Folie straff einrollen. Die Enden gut zusammendrehen und Lachs-Rollen kühl lagern. Im Büro aus der Folie nehmen und schräg aufschneiden.

MAKKARONIAUFLAUF MIT GEMÜSE

Aus 1 mach 2

Für Backrohr/ Mikrowelle im Büro

ZUTATEN FÜR 4–5 PORTIONEN

400 g Makkaroni (Spiralen, Hörnchen oder andere Nudeln)
2–3 Zucchini
1–2 Stangen Lauch
1 große Zwiebel
2 Knoblauchzehen
300 g Erbsen (tiefgekühlt)
250 g Blattspinat (tiefgekühlt)
200 g Geselchtes oder Beinschinken nach Belieben
4 Eier
250 ml Sauerrahm
250 ml Schlagobers
100–150 g geriebener Käse
Semmelbrösel und Butter
Muskatnuss
Salz, Pfeffer
Rapsöl

FÜR DAS BÜRO

1 Kugel Mozzarella

ZUBEREITUNG

Makkaroni in reichlich Salzwasser nach Anleitung al dente kochen. Abseihen, kalt abschrecken und abtropfen lassen. Inzwischen Zucchini gut waschen und in Würfel schneiden. Zwiebel und Knoblauch fein hacken, den Lauch in Ringe schneiden. Geselchtes kleinwürfelig schneiden. Knoblauch in etwas Butter anschwitzen, den Blattspinat zugeben, 1–2 Esslöffel Wasser zugießen und zugedeckt einige Minuten dünsten. Mit Salz, Pfeffer sowie Muskatnuss würzen und wieder vom Herd nehmen. In einer anderen Pfanne etwas Rapsöl erhitzen und zuerst die Zwiebelwürfel, danach Erbsen, Lauch, Zucchini und nach Belieben auch das Geselchte langsam anschwitzen. Kräftig würzen.
Das Backrohr auf 180 °C vorheizen. Nun die Nudeln mit dem Gemüse vermengen. Eine Auflaufform gut mit Butter ausstreichen und die Hälfte der Nudelmasse einfüllen. Blattspinat darüber verteilen, großzügig mit Käse bestreuen und restliche Nudelmasse einfüllen.
Für den Guss die Eier verquirlen und mit Sauerrahm, Schlagobers sowie dem restlichen Käse verrühren. Mit Salz, Pfeffer und Muskatnuss würzen und über den Auflauf gießen. Mit etwas Semmelbröseln bestreuen, einige Butterflöckchen daraufsetzen und im heißen Backrohr 40–45 Minuten überbacken.

FINALE FÜR ZU HAUSE

Auflauf herausheben, portionieren und anrichten. Mit frischem Tomatensalat servieren.

FINALE FÜR DAS BÜRO

Auflauf bei Zimmertemperatur auskühlen lassen und dann abgedeckt kühl stellen. Im Büro mit Mozzarellascheiben belegen und nochmals in der Mikrowelle oder im heißen Backrohr überbacken.

VARIANTE OHNE BACKROHR/MIKROWELLE

Steht keine Aufwärmmöglichkeit zur Verfügung, einfach kalt genießen.

Aus 1 mach 2

HÜHNERLAIBCHEN AUF INDISCHE ART MIT RAITA

ZUTATEN FÜR 4 PORTIONEN

600 g Hühnerbrust
50 g geschälte Mandeln
1 Ei
2 Knoblauchzehen
1 nussgroßes Stück Ingwer
50 ml kaltes Schlagobers
2 EL gehackter Koriander oder Petersilie
1 TL Garam masala
Kurkuma, Currypulver
Kokosflocken zum Wälzen
Salz, Pfeffer
Butterschmalz oder Pflanzenöl

ZUBEREITUNG

Garam masala, Kurkuma und Currypulver in einer Pfanne ohne Fett kurz anrösten, bis sich ihr Aroma voll entfaltet hat. Wieder vom Herd nehmen. Hühnerfleisch in grobe Würfel, geschälten Ingwer klein schneiden.
Nun das Hühnerfleisch mit Mandeln, Knoblauch, Ingwer und Ei in der Küchenmaschine cuttern. Das kalte Schlagobers zugießen, mit den gerösteten Gewürzen, Salz sowie Pfeffer würzen und nochmals kurz aufmixen. Abschließend den gehackten Koriander untermengen. Mit einer Folie abdecken und gute 20 Minuten kühl rasten lassen.

FÜR DAS RAITA

1 große Salatgurke
1 Naturjoghurt
1/2 TL Kreuzkümmel
Cayennepfeffer
Prise Zucker
Salz, Pfeffer
gehackte Minze

FÜR DAS BÜRO

100 ml Sauerrahm

Kollegentratsch

Du bringst die Hühnerlaibchen mit und ich nehme fertige Brot - fladen mit, du weißt schon, diese Tortillas, die es überall gibt. Die wärmen wir in der Mikrowelle auf und essen sie statt indischem Brot. Das passt sicher gut!

Dann aus der Masse mit leicht befeuchteten Händen kleine Laibchen formen. Auf beiden Seiten kurz in Kokosflocken wälzen und in heißem Butterschmalz oder Pflanzenöl bei nicht zu großer Hitze (die Kokosflocken sollten nicht zu dunkel werden) auf beiden Seiten knusprig braten. Laibchen herausheben und auf Küchenkrepp abtropfen lassen.
Für das Raita die Gurke gut waschen, grob reiben und mit dem Joghurt vermengen.
Den Kreuzkümmel ebenfalls kurz in einer Pfanne ohne Fett anrösten. Mit je einer Prise Cayennepfeffer, Zucker, Salz und Pfeffer unter die Gurke mischen.
Raita einige Zeit kühl ziehen lassen.

FINALE FÜR ZU HAUSE

Die heißen Hühnerlaibchen anrichten.
Raita mit frisch gehackter Minze bestreuen und in extra Schüsseln auftragen.
Dazu passen am besten gekochter Reis und Chutneys.

FINALE FÜR DAS BÜRO

Die Hühnerlaibchen auskühlen lassen, gehackte Minze unter das Raita rühren, in eine Frischhaltebox füllen und kühl stellen.
Im Büro etwas Rahm unter das kalte Raita mischen, durchrühren und gemeinsam mit knusprigem Brot zu den kalten Hühnerlaibchen servieren.

Aus 1 mach 2

MEXIKANISCHE HÜHNER-MAIS-KROKETTEN

ZUTATEN FÜR 2–3 PORTIONEN

250 g Hühnerbrust
150 g gekochte Maiskörner aus der Dose
1 altbackene Semmel (40–50 g altbackenes Toastbrot)
Milch oder Wasser zum Einweichen
scharfes Chilipulver oder Cayennepfeffer nach Belieben
1 TL Sardellenpaste
Schuss Tabascosauce
1 EL Semmelbrösel
1 EL frisch gehackter Koriander (oder Petersilie)
Salz, Pfeffer
Semmelbrösel zum Wälzen
Pflanzenöl zum Heraus-backen
Sweet Chilisauce zum Dippen
Zitronenspalten und Korianderzweiglein als Garnitur

ZUBEREITUNG

Semmel in Milch oder Wasser einweichen. Hühnerbrust in Würfel schneiden und mit der gut ausgedrückten Semmel in der Küchenmaschine cuttern (oder sehr fein hacken). Gegen Schluss Maiskörner zugeben und noch kurz mitcuttern. Mit Salz, Pfeffer, Chili oder Cayennepfeffer, Tabascosauce und Sardellenpaste ganz nach persönlichem Geschmack mehr oder weniger scharf würzen. Semmelbrösel und gehackten Koriander einmengen.
In einer Pfanne reichlich Pflanzenöl erhitzen.
Mit einem Esslöffel etwas von der Masse abstechen und mit leicht befeuchten Handflächen zu Kroketten formen. Vorsichtig in Semmelbröseln wälzen und im heißen Fett rundum – je nach Größe und Form ca. 8–10 Minuten – langsam goldbraun backen. Herausheben und auf Küchenkrepp abtropfen lassen.

FINALE FÜR ZU HAUSE

Die heißen Kroketten auf vorgewärmten Tellern anrichten und nach Belieben mit Zitronenspalten und Koriander garnieren. Mit Chilisauce zum Dippen auftragen. Dazu schmeckt knackiger Radieschensalat besonders gut.

FINALE FÜR DAS BÜRO

Die Kroketten auf Küchenkrepp auskühlen lassen. Im Büro die kalten Hühnerkroketten mit einer vielleicht nicht ganz so scharfen Chilisauce und erfrischendem Salat servieren.

Fertigprodukte: Fluch oder Segen?

Nicht alle Fertig- oder Halbfertigprodukte sind schlecht und abzulehnen. Der mündige Konsument muss nur die Spreu vom Weizen trennen und letzteren mit etwas Sorgfalt und Raffinement verfeinern.

1. **Gnocchi und Spätzle** können fix und fertig gekauft werden. Einige Produkte müssen kurz aufgekocht, andere nur mehr in Fett gebraten werden. Vermengen Sie die gegarten Gnocchi oder Spätzle mit frisch angebratenem Gemüse, kurz gebratenem Fleisch, Fisch oder Meeresfrüchten und sorgen Sie mit etwas Schlagobers oder zugegossener klarer Suppe für Sämigkeit. Wer's lieber knusprig hat, kann die Gnocchi auch ohne Sauce resch anbraten.
2. **Fertige Teige** lassen Gerichte mit Blätter-, Pizza- oder Mürbteig zu einer schnellen Sache werden. Sicherlich werden Sie den Unterschied zwischen selbstgemachtem und industriell vorgefertigtem Teig herausschmecken, aber mit Liebe und viel frischen Zutaten belegt, nimmt sich eine Pizza aus Fertigteig im Vergleich zu jener aus selbstgemachtem Germteig dann gar nicht so schlecht aus.
3. **Vorgefertigte Palatschinken** schmecken zumeist zwar etwas massiver und derber, aber mit einer pikanten Tomaten-Fleischsauce, Schinken oder Käse gefüllt und mit geriebenem Käse überstreut, lassen sie diesen kleinen Makel nach dem Überbacken nahezu verschwinden.
4. **Tiefkühlgemüse** wird sogar von Gegnern von Fertigprodukten zugestanden, meistens von guter Qualität und optimalem Reifungszustand zu sein. Besser gleich nach der Ernte tiefgekühltes Gemüse essen als hoffnungslos überlagertes ohne Vitamine.

5. **Geschälte Tomaten aus der Dose** punkten zumeist mit mehr Aroma als eigenhändig geschälte Tomaten aus dem Glashaus.
6. Bereits vorbereitetes, zugeputztes, zerkleinertes, mitunter auch **vorgekochtes Gemüse** kann das Original zwar nur selten gleichwertig ersetzen, für den schnellen Gebrauch für zwischendurch ist dagegen aber nichts einzuwenden. Vorausgesetzt, man verwendet abgepacktes rohes Gemüse wie etwa vorgeschnittene Salate etc. möglichst rasch nach dem Kauf.
7. **Sugo und Pesto** selbst herzustellen, ist keine Hexerei, kostet aber Zeit. Wer bereit ist, ein bisschen mehr auszulegen, wird sich das allerdings angesichts des ausufernden Angebots an wirklich guten Fertigprodukten – zumindest für den Alltagsgebrauch – überlegen.
8. **Suppenwürfel oder –würze** fällt streng genommen ebenfalls unter die Rubrik „Fertigprodukt“, ist aber aus der Alltagsküche nicht mehr wegzudenken. Allein die Dosis macht's – sparsam verwenden!
9. **Gewürzmischungen und Aromasalze**, nach Himmelsrichtungen, Geschmacksvorlieben, regionsbezogenen Küchen oder fremden Ländern benannt, bevölkern die Regale der Supermärkte. Vieles davon schmeckt beliebig und austauschbar, vieles davon aber auch typisch und interessant. Finden Sie heraus, was Ihnen schmeckt. Und Currypulver werden wohl nur wenige Hobbyköche selbst mischen ...
10. Mit Trüffel **aromatisierte Tagliatelle**, mit Steinpilzaroma gewürzter Reis und ähnliche Halbfertigprodukte verkürzen die Arbeitszeit zwar nicht wesentlich, sorgen allerdings für interessante und abwechslungsreiche Geschmackserlebnisse.

Aus 1 mach 2, 3 ...

Für die Herdplatte im Büro

SPAGHETTI BOLOGNESE

Leider ist nicht immer die nötige Zeit da, um die Sauce bolognese gut einkochen zu lassen. Für solche Fälle halte ich in meinem Tiefkühlschrank stets einen Vorrat an fix und fertigem Sugo bereit – selbstgemacht, wohlgemerkt! Wobei ab und an eine kleine Schwindelei mit dazugerührtem gekauftem Sugo durchaus auch erlaubt sei.

ZUTATEN FÜR 4 PORTIONEN

400 g Spaghetti (Tagliatelle, Bandnudeln etc.)
400 g Faschiertes
50 g durchzogener Speck
1 kl. Karotte
1 Stange Sellerie
2 Knoblauchzehen
1/2 Zwiebel
2 EL Tomatenmark
1 gr. Dose geschälte Tomaten
1 Glas Rotwein
ca. 150 ml Rindsuppe
1 Lorbeerblatt
je 1 Zweig Thymian und Rosmarin
Oregano
Salz, Pfeffer
4 EL Olivenöl
frisch geriebener Parmesan

ZUBEREITUNG

Für die Sauce bolognese Speck kleinwürfelig, Zwiebel und Knoblauch feinwürfelig schneiden. Karotte und Sellerie raspeln oder sehr fein schneiden. Nun in einem Topf Olivenöl erhitzen, Zwiebel- und Speckwürfel zugeben und langsam anschwitzen. Dann Knoblauch, geraspeltes Gemüse sowie das Faschierte zugeben und alles gut durchrösten. Tomatenmark einrühren, Rotwein sowie etwas Suppe zugießen und sämtliche Gewürze zugeben. Die Tomaten grob zerkleinern, einmengen. Zugedeckt unter wiederholtem Umrühren wenn möglich am besten 30 Minuten vor sich hinköcheln lassen.
Bei Bedarf zwischendurch noch etwas Suppe nachgießen, damit sich die Sauce nicht anlegt. Abschließend die Kräuterzweige entfernen und nochmals abschmecken.

FINALE FÜR DAS BÜRO

Inzwischen die Hälfte der Spaghetti in reichlich Salzwasser nach Anleitung ca. 8–12 Minuten al dente kochen. Abseihen und auf vorgewärmten Tellern anrichten. Jeweils etwas Sauce bolognese darübergeben und mit frisch geriebenem Parmesan bestreuen.

FINALE FÜR DAS BÜRO

Die restliche Sauce bolognese abkühlen lassen und in einer Frischhaltebox kühl lagern. Im Büro die Nudeln al dente kochen und die Sauce bolognese parallel dazu auf dem Herd oder in der Mikrowelle erhitzen. (Steht nur eine Herdplatte zur Verfügung, zuerst die Sauce bolognese erhitzen, vom Herd nehmen und mit einem Handtuch umwickelt warm halten. Dann die Nudeln kochen.)

Aus 1 mach 2, 3 ...

Sauce bolognese schmeckt nicht nur zu Spaghetti wunderbar, sondern lässt sich auch vielfach weiter verwenden. Gebot Nummer Eins dabei: Bereiten Sie gleich eine größere Menge Sauce zu und frieren Sie diese in kleineren Portionen ein.
Einem rasch zubereiteten Essen steht somit nichts mehr im Wege!

1. **Fleckerl mit Sauce bolognese:** Mischen Sie etwas Sauce gemeinsam mit frisch angebratenem Gemüse unter gekochte Fleckerl. Mit geriebenem Käse bestreuen und servieren!
2. **Nudelauflauf bolognese:** Schichten Sie Sauce bolognese abwechselnd mit gekochten Nudeln in eine gefettete Form. Passierte Tomaten mit etwas Olivenöl darüber gießen, mit Mozzarella abdecken und überbacken.
3. **Crostini bolognese:** Lassen Sie die Sauce noch etwas einkochen und streichen Sie diese auf getoastete Weißbrotscheiben. Mit geriebenem Käse oder Mozzarella belegen und im Rohr kurz überbacken!
4. **Blätterteigtäschchen alla bolognese:** Sauce bolognese ohne Flüssigkeit (vorher noch einkochen!) als Fülle für kleine Blätterteigtäschchen verwenden und im Rohr goldgelb backen!

Aus 1 mach 2, 3 …

KÜRBISPUFFER MIT RÄUCHERLACHS

Foto Seite 8

In der langen Zeit, in der Kürbis keine Saison hat, ersetze ich ihn durch Zucchini oder verwende einfach noch mehr Erdäpfel, denn die Puffer schmecken zu gut, um ein Jahr darauf warten zu müssen.

ZUTATEN FÜR 4 PORTIONEN

100 g Räucherlachs
400 g Kürbisfleisch ohne Kerne
500 g Erdäpfel
ca. 100 g Mehl
2 Eier
Zitronensaft
Muskatnuss
Curry- und Chilipulver
Salz, Pfeffer
Pflanzenöl zum Braten
Kräuter zum Garnieren

FÜR DIE KRÄUTERSAUCE

½ Becher Naturjoghurt
½ Becher Sauerrahm
2 EL gehackte Kräuter (Koriander, Zitronenmelisse, Petersilie etc.)
Salz, Pfeffer

ZUBEREITUNG

Erdäpfel in der Schale weich kochen, auskühlen lassen, schälen und reiben. (Die Erdäpfel können auch roh gerieben werden. Konsistenz und Geschmack variieren dadurch ein wenig.) Kürbis schälen, Kerne entfernen und ebenfalls reiben. Beides in eine Schüssel geben und mit wenig Zitronensaft durchmischen. Eier hineinschlagen, Mehl zugeben und alles mehr oder weniger scharf mit Salz, Pfeffer, Muskatnuss, Curry und Chili würzen. (Bei Bedarf noch etwas Mehl untermengen.) Nun in einer Pfanne reichlich Pflanzenöl erhitzen. Die Masse mithilfe von zwei Esslöffeln in Form von kleinen Krapferln hineinsetzen, etwas platt drücken und bei mittlerer Hitze auf beiden Seiten goldbraun braten. Herausheben und auf Küchenkrepp abtropfen lassen. Inzwischen Joghurt mit Sauerrahm vermengen und mit Salz sowie Pfeffer kräftig würzen. Die gehackten Kräuter einrühren.

FINALE FÜR ZU HAUSE

Die heißen Kürbispuffer auf einem Teller kreisrund anrichten. Etwas Kräutersauce jeweils in der Mitte platzieren und den Räucherlachs dekorativ, etwa zu einer Rosette eingerollt, daraufsetzen. Mit frisch gehackten Kräutern bestreuen.

FINALE FÜR DAS BÜRO

Die restlichen Puffer auskühlen lassen und ebenso wie die fertige Kräutersauce kühl stellen. Im Büro die Kräutersauce nochmals durchrühren. Die kalten Puffer mit Räucherlachs und Kräutersauce garnieren.

Aus 1 mach 2, 3 ...

Da die Puffer völlig neutral schmecken, ist es empfehlenswert, gleich mehr davon zu braten, den Rest in Folie gepackt kühl zu stellen und in den nächsten Tagen nach Lust und Laune weiter zu verwenden:

1. als **Beilage** zu gebratenem Fleisch, Fisch oder Gemüsegerichten
2. in **Kombination** mit aromatischem Prosciutto San Daniele, Tiroler Schinkenspeck oder saftigem Beinschinken. Dazu passt übrigens frisch geriebener Kren besonders gut.
3. als **eigenständiges Gericht** in Begleitung von würzigen Saucen, etwa Schwammerl- oder Kräutersauce
4. **gratinierte Puffer**: dafür Puffer einfach nach Belieben mit Speck oder Schinken belegen, mit geriebenem Käse bestreuen und gratinieren.
5. **Erdäpfelpuffer**: Kürbis durch Erdäpfel ersetzen

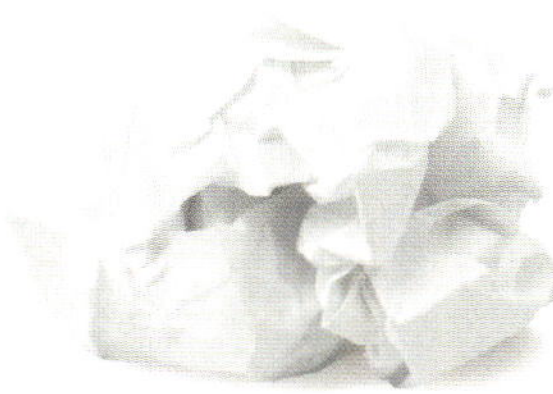

Aus 1 mach 2

MELANZANISCHNITZERL MIT SAUCE TARTARE

ZUTATEN FÜR 4 PORTIONEN

3 gr. Melanzani
3 Eier
Mehl, Semmelbrösel
Pflanzenöl
Salz, Pfeffer

FÜR DIE SAUCE TARTARE

300 g Mayonnaise (s.Tipp unten)
3 Frühlingszwiebeln
3 Essiggurkerl
1 KL Kapern
1 Sardellenfilet oder
1 TL Sardellenpaste
1 EL gehackter Schnittlauch
Spritzer Zitronensaft
Worcestershiresauce
Salz, Pfeffer

= Kollegentratsch

Du könntest morgen ja eine Stunde später kommen und die Mayonnaise selber machen. Ich mache das immer aus 2 Dottern, 1/4 l Öl, Senf, Salz und Worcestershiresauce. Und du weißt: Das Öl laaaangsam einfließen lassen und rühren und rühren und ...

ZUBEREITUNG

Zunächst für die Sauce Tartare die Zwiebeln, Gurkerln, Kapern sowie Sardellenfilet möglichst fein hacken und unter die Mayonnaise mengen. Mit gehacktem Schnittlauch, Zitronensaft, Worcestershiresauce, Salz und Pfeffer pikant abschmecken. Kühl stellen. Die Melanzani gut waschen, trocken reiben und in fingerdicke Scheiben schneiden. Mit Pfeffer würzen. Eier verschlagen und salzen. Nun die Melanzanischeiben in Mehl, Eiern und Bröseln panieren. In einer tiefen Pfanne reichlich Öl erhitzen und die Melanzani in heißem Fett auf beiden Seiten goldgelb herausbacken. Herausheben, auf Küchenkrepp abtropfen lassen und auf beiden Seiten salzen.

FINALE FÜR ZU HAUSE

Melanzani mit der vorbereiteten Sauce Tartare servieren. Dazu passt knackiger Salat.

FINALE FÜR DAS BÜRO

Melanzani abkühlen lassen. Im Büro die kalten Melanzanischnitzerl mit Sauce Tartare und knusprigem Fladenbrot genießen.

Aus 1 mach 2

POLPETTI IN TOMATEN-BASILIKUM-SAUCE

ZUTATEN FÜR 4 PORTIONEN

600 g Faschiertes
100 g magerer Speck
1 Ei nach Belieben
2 Scheiben Toastbrot
2 Knoblauchzehen
1 kl. Chilischote
1 Schalotte
2 EL geriebener Parmesan
Semmelbrösel
Oregano
Salz, Pfeffer
Olivenöl und Butter

FÜR DIE TOMATEN-BASILIKUM-SAUCE

1 Handvoll Basilikumblätter
2 Dosen geschälte Tomaten
1 Bund Frühlingszwiebeln
50 g magerer Speck
1 TL Kapern
1 EL Tomatenmark
Schuss Rotweinessig
Salz, Pfeffer
Olivenöl

ZUBEREITUNG

Für die Tomatensauce Speck und Frühlingszwiebeln fein schneiden und beides in Olivenöl anschwitzen. Kapern ebenfalls sehr fein schneiden und zugeben. Tomatenmark einrühren, mit einem Schuss Essig ablöschen und die grob zerkleinerten Tomaten einmengen. Mit Salz und Pfeffer würzen. Einmal aufkochen lassen, Hitze reduzieren und langsam etwa 10 Minuten zugedeckt vor sich hinköcheln lassen. Basilikumblätter einmengen und die Sauce nochmals abschmecken.
Inzwischen Schalotte, Chilischote und Knoblauch fein schneiden und in etwas Olivenöl langsam hell anschwitzen. Speck in sehr feine Würfel schneiden, zugeben und mitanrösten. Dann vom Herd nehmen und auskühlen lassen. Toastbrot mit wenig Wasser übergießen und etwas ziehen lassen. Das Faschierte in eine Schüssel geben und mit der Speck-Zwiebel-Mischung vermengen. Weißbrot gut ausdrücken und unterrühren. Nach Belieben das Ei einarbeiten. Parmesan einrühren und mit Salz, Pfeffer sowie Oregano kräftig abschmecken. Mit leicht befeuchteten Händen kleine Bällchen formen und in Semmelbröseln wälzen. In einer Pfanne reichlich Olivenöl mit einem Esslöffel Butter erhitzen. Polpetti einlegen und rundum goldbraun braten.

FINALE FÜR ZU HAUSE

Polpetti herausheben, abtropfen lassen und mit der heißen Tomatensauce auftragen. Dazu passen gekochte Erdäpfel, breite Bandnudeln oder Risotto.

FINALE FÜR DAS BÜRO

Polpetti auf Küchenkrepp abkühlen lassen. Tomatensauce ebenso auskühlen lassen und danach in eine Frischhaltebox umfüllen. Im Büro die Tomatensauce in ein kleines Schüsselchen füllen und die Polpetti darin eintunken. Dazu frisches Brot reichen.

= Kollegentratsch

Eigentlich könnten wir deine feinen Bällchen gleich in die Tomaten-Basilikum-Sauce geben und beides kurz in der Mikrowelle erhitzen. Das wäre dann wieder einmal eine warme Mahlzeit!

Würstel im Schlafrock
mit Specklinsen
Rezept Seite 46

Aus 1 mach 2, 3 ...

WÜRSTEL IM SCHLAFROCK MIT SPECKLINSEN

Foto Seite 45

Wenn es wirklich rasch gehen muss, so verzichte ich auf die Specklinsen und würze die Speckscheiben schnell mit scharfer Chilisauce, in die ich einen Teelöffel scharfen Senf einrühre. Auch gehackte Kapern und Sardellenfilet machen sich gut, stoßen aber nicht bei all meinen Gästen auf Gegenliebe.

ZUTATEN FÜR 4–5 PORTIONEN

16–20 kleine Teewürstel oder 4–5 Paar Frankfurter bzw. Debreziner
1 Pkt. Blätterteig
150 g dünn geschnittener Speck
Ei zum Bestreichen

FÜR DIE SPECKLINSEN

250 g Linsen
150 g Zwiebeln
100 g Speck
2 Knoblauchzehen
2-3 EL Crème fraîche
100 ml klare Suppe
Schuss Essig
2–3 EL Butter zum Andünsten
2 EL kalte Butter
Majoran
Cayennepfeffer oder Tabascosauce
Salz, Pfeffer

ZUBEREITUNG

Linsen je nach Sorte in Wasser einweichen, in ungesalzenem Wasser weich kochen und abseihen. Währenddessen Zwiebeln klein schneiden, Knoblauch fein hacken. In einem Topf die Butter langsam schmelzen lassen und die Zwiebeln darin sehr langsam anschwitzen, bis sie schön glasig geworden sind. Speck in kleine Würfel, Knoblauch sehr fein schneiden und beides zugeben. Die abgeseihten gekochten Linsen einrühren und kräftig mit Salz, Pfeffer, Majoran und Cayennepfeffer oder Tabascosauce würzen. Crème fraîche sowie etwas Suppe einrühren und die Linsen sämig einkochen lassen. Vom Herd nehmen und kurz überkühlen lassen.

Backrohr auf 180 °C vorheizen. Etwa ein Drittel der Linsen mit kalter Butter pürieren oder mixen. Nochmals abschmecken. Den Rest beiseite stellen. Den Blätterteig auf einer bemehlten Unterlage auf die erforderliche Größe ausrollen und in Stücke schneiden, um jedes Würstel gut umwickeln zu können. Speckblätter auf die Teigstücke legen, mit etwas Linsenpüree bestreichen und die

Würstel einzeln gut einpacken. Mit der Nahtstelle nach unten auf ein mit Backpapier ausgelegtes Backblech legen. Mit Ei bestreichen und im heißen Backrohr 15–20 Minuten goldgelb backen.

FINALE FÜR ZU HAUSE

Specklinsen auf kleiner Flamme wieder erhitzen. Würstel im Schlafrock herausnehmen und anrichten. Specklinsen in einer extra Schüssel auftragen.

FINALE FÜR DAS BÜRO

Würstel im Schlafrock auskühlen lassen und locker abgedeckt kühl stellen. Specklinsen in einer Frischhaltebox kühl stellen, im Büro nochmals mit etwas Essig frisch abschmecken. Zu den kalten Würsteln servieren.

Aus 1 mach 2, 3 ...

Die Specklinsen lassen sich, in größeren Mengen zubereitet, in den nächsten Tagen vielfältig weiter verwenden.

1. **Linsenaufstrich**: Specklinsen pürieren und einfach auf knusprig getoastetes Brot streichen.
2. **Gratinierte Fischfilets mit Linsenfarce**: Fischfilets mit pürierten Specklinsen bestreichen, mit Speck abdecken und im heißen Backrohr überbacken.
3. **Schweinslungenbraten in Blätterteig**: Schweinsfilet mit Linsenpüree bestreichen, mit blanchierten Kohlblättern umwickeln und in Blätterteig gehüllt im Backrohr goldbraun backen.
4. **Linsen-Blätterteigtäschchen**: Linsenfarce noch mit klein gehacktem Schinken oder Bratenresten vermengen und in Blätterteig hüllen. Im heißen Backrohr goldbraun backen.
5. **Specklinsen:** Linsen etwas flüssiger, also mit mehr Suppe zubereiten und mit Semmelknödeln als feine Hauptmahlzeit servieren.
6. **Specklinsen als Beilage**: zu deftigen, gebratenen Würsten (Klobasse, Käsekrainer etc.), gebratenem Leberkäse mit Spiegelei oder Wildgerichten.

Aus 1 mach 2, 3 …

PIKANT GEFÜLLTE ERDÄPFELTASCHERL

Manchmal habe ich einfach keine Lust, den feinen, aber doch etwas aufwändigen Erdäpfelteig zu machen. Dann hülle ich die dezent asiatisch anmutende Fleischmasse einfach in gekauften Blätterteig, forme nette Täschchen oder Halbmonde daraus und backe sie gute 15 Minuten im Backrohr goldgelb – und das Lob meiner hungrigen Gäste ist mir sicher!

ZUTATEN FÜR 4–5 PORTIONEN

500 g Faschiertes
1–2 Scheiben Toastbrot
1/2 Bund Frühlingszwiebeln
3 EL Erdnüsse
2 EL gehackte Petersilie
1 TL geriebener Ingwer
Schuss Sojasauce
Chilipulver
Muskatnuss, Zimt
Prise Zucker
Salz, Pfeffer
Sesamöl
Butterschmalz oder Pflanzenöl
Eiklar zum Bestreichen
Sweet Chili- und Sojasauce zum Dippen

FÜR DEN TEIG

500 g gekochte Erdäpfel
100 g Mehl
1 EL Grieß
1 Ei
Salz

ZUBEREITUNG

Die Erdäpfel reiben. Mehl, Grieß und Ei zugeben und alles mit einer kräftigen Prise Salz zu einem geschmeidigen Teig verarbeiten. In Folie hüllen und kurz kühl stellen. Toastbrot mit etwas Wasser übergießen und weichen lassen.

Inzwischen die Frühlingszwiebeln fein schneiden und in etwas Butterschmalz oder Pflanzenöl anschwitzen. Ingwer, Petersilie und Chilipulver zugeben und alles durchrösten. Vom Herd nehmen. Toastbrot gut ausdrücken, unter das Faschierte mischen und mit der Zwiebelmasse vermengen. Erdnüsse grob hacken und untermischen. Mit je einem Schuss Sesamöl sowie Sojasauce und je einer Prise Muskatnuss, Zimt, Pfeffer, wenig Zucker sowie einer kräftigen Prise Salz recht würzig abschmecken.

Nun den Teig auf einer bemehlten Arbeitsfläche ausrollen und in Quadrate oder Scheiben schneiden. Mit einem Kaffeelöffel jeweils etwas Fülle auftragen, die Ränder mit Wasser oder Eiklar bestreichen, Teig zu einem Täschchen zusammenklappen und die Enden gut festdrücken. In einer tiefen Pfanne reichlich Butterschmalz oder Öl erhitzen und die Täschchen darin langsam goldgelb herausbacken. Herausheben und auf Küchenkrepp abtropfen lassen.

FINALE FÜR ZU HAUSE

Die heißen Erdäpfeltäschchen anrichten und mit den Dip-Saucen auftragen.

FINALE FÜR DAS BÜRO

Erdäpfeltäschchen abkühlen lassen und im Büro mit den Dip-Saucen genießen.

Aus 1 mach 2, 3 ...

Wenn Sie Lust auf Abwechslung haben, so teilen Sie Teig und Fleischmasse auf und versuchen Sie folgende Abwandlungen:

1. **Fleischknödel:** Teig zu einer Rolle formen, Scheiben abschneiden, Fülle aufsetzen und mit leicht befeuchteten Händen zu kleinen Knödeln formen. In Salzwasser einige Minuten ziehen lassen, bis die Knödel aufsteigen. Nach Belieben mit flüssiger Butter übergießen und mit pikant-süßlich abgeschmecktem Kraut servieren.
2. **Mohn- oder Nussnudeln**: Teig zu einer dünnen Rolle formen, kleine Stücke abschneiden und diese wiederum zu fingerdicken kleinen Erdäpfelnudeln formen. In Salzwasser ziehen lassen, bis sie aufsteigen. In Mohn oder Nussbröseln wälzen, zuckern und nach Belieben noch mit flüssiger Butter beträufeln.
3. **Erdäpfelnudeln**: Wie oben beschrieben Teig zu Nudeln formen und in heißem Butterschmalz oder Öl goldgelb backen. Abtropfen lassen, salzen und mit Kräuterrahm zum Tunken servieren.
4. **überbackene Erdäpfelnudeln**: Nudeln wie oben beschrieben formen und in eine ausgebutterte Form einschlichten. Dabei jeweils mit flüssiger Butter bestreichen. Mit einem Guss aus Eiern, Schlagobers, Rahm sowie gehacktem Schnittlauch übergießen und im Backrohr goldgelb überbacken. Mit grünem Salat auftragen.
5. **Fleischkrapferl**: Aus der Fleischmasse kleine Krapferl oder Kroketten formen und in heißem Fett bei mäßiger Hitze und häufigem Wenden knusprig braten. Achtung, die Erdnüsse werden rasch braun – Hitze drosseln! Als Fingerfood mit Dip-Saucen servieren.

Aus 1 mach 2

POLENTASCHNITTEN ALLA PIZZAIOLA

ZUTATEN FÜR 2–3 PORTIONEN

200 g Polenta
ca. 500 ml Wasser je nach Bedarf
1 kleine Dose geschälte Tomaten
½ EL schwarze Oliven (entkernt)
3 Jungzwiebeln
70–100 g dünn geschnittener Prosciutto crudo (Rohschinken)
1 Kugel Mozzarella
Oregano
Salz, Pfeffer
Olivenöl
marinierter Rucolasalat als Garnitur

ZUBEREITUNG

Polenta nach Anleitung in kräftig gesalzenem Wasser aufkochen. (Die Wassermenge so bemessen, dass ziemlich feste, keine cremige Polenta entsteht.) Zügig umrühren und kurz ziehen lassen, bis die Polenta zu „blubbern" beginnt. Vom Herd nehmen und quellen lassen. Währenddessen eine Auflaufform mit kaltem Wasser ausspülen. Warme Polentamasse einfüllen und gut festpressen.
Mit Folie abdecken und im Kühlschrank völlig erkalten lassen.
Inzwischen die Jungzwiebeln fein schneiden und in Olivenöl hell anschwitzen. Oliven ebenfalls klein, die Tomaten kleinwürfelig schneiden. Beides zugeben und sämig einkochen lassen. Kräftig salzen, pfeffern und mit Oregano abschmecken. Sobald die Tomaten-Oliven-Sauce sämig ist, wieder vom Herd nehmen. Mozzarella würfelig schneiden.
Polenta auf eine Arbeitsfläche stürzen und in fingerdicke Scheiben schneiden. Backrohr auf maximale Temperatur mit Oberhitze vorheizen (oder die Grillschlange zuschalten).
Die Polentascheiben auf ein mit Backpapier ausgelegtes Backblech legen. Mit wenig Olivenöl bestreichen und im heißen Backrohr gerade so lange überbacken, dass die Oberseite nicht mehr weich, sondern ein wenig knusprig ist.

FINALE FÜR ZU HAUSE

Polentascheiben umdrehen, etwas Tomatensauce auftragen und zuerst mit Prosciutto, dann mit Mozzarella belegen. Mit Olivenöl beträufeln, mit Oregano bestreuen und ca. 10 Minuten überbacken, bis der Mozzarella gut geschmolzen ist. Auf vorgewärmten Tellern anrichten und mit frischem Rucolasalat servieren.

FINALE FÜR DAS BÜRO

Beide Seiten der Polentascheiben ohne Auflage im Backrohr nur so lange braten, dass die Oberfläche gerade nicht mehr weich ist, aber nicht zu lange im Backrohr lassen. (Die Polentascheiben werden nach dem Erkalten sonst zu hart.) Herausnehmen und auskühlen lassen. Im Büro Polentascheiben anrichten, Rohschinken dekorativ auflegen und den in Würfel geschnittenen Mozzarella darüber streuen. Mit mariniertem Rucola garnieren.

Aus 1 mach 2

LEBERKÄSE-MUFFINS MIT GESCHMOLZENEN TOMATEN

Wenn ich Gäste bewirte und es gerne ein bisschen „nobler" geben möchte, so ersetze ich den Leberkäse durch zarten Prosciutto San Daniele und unterstreiche sein mediterranes Aroma durch getrocknete Tomaten und Oregano.

ZUTATEN FÜR CA. 12 MUFFINS

130–150 g Leberkäse
100 g geriebener Käse
200 g Mehl
½ Pkt. Backpulver
3 Eier
150 ml Milch
1 KL scharfer Senf
1 EL gehackte Petersilie
Salz, Pfeffer
Butter für die Förmchen nach Bedarf

FÜR DIE GESCHMOLZENEN TOMATEN BZW. GARNITUR

4 Tomaten
1 Bund Jungzwiebeln
2 EL gutes Olivenöl
Essig nach Belieben
Salz, Pfeffer
frische Basilikumblätter

ZUBEREITUNG

Leberkäse in sehr kleine Würfel schneiden, Backrohr auf 180 °C vorheizen. In einer Schüssel Mehl mit Backpulver vermischen und Milch, Eier, Leberkäse, geriebenen Käse sowie Petersilie zugeben und alles gut durchmischen. Mit Salz, Pfeffer und Senf würzen. Muffin-Förmchen mit geschmolzener Butter ausstreichen (oder beschichtete Papierkapseln verwenden) und die Masse nicht zu voll einfüllen (geht beim Backen um gut ein Drittel auf). Je nach Größe der Formen ca. 20–30 Minuten backen. Herausnehmen und kurz überkühlen lassen.

FINALE FÜR ZU HAUSE

Während die Muffins im Backrohr sind, die Tomaten nach Belieben schälen (dafür kurz in siedendes Wasser tauchen, herausheben und Haut abziehen) und in ca. 1 cm große Würfelchen schneiden. Zwiebeln ebenfalls fein schneiden. Die Jungzwiebeln gemeinsam mit den Tomaten in heißem Olivenöl langsam anschwitzen, bis die Tomaten schön „angeschmolzen" sind. Kräftig mit Salz und Pfeffer würzen, nach Belieben auch mit Essig abschmecken. Vom Feuer nehmen und überkühlen lassen. Basilikum in Streifen schneiden. Die warmen Muffins auf Tellern anrichten. Tomaten rund um die heißen Muffins anrichten, mit Basilikum bestreuen und servieren.

FINALE FÜR DAS BÜRO

Muffins auskühlen lassen. Im Büro die Tomaten blättrig aufschneiden, Zwiebeln in feine Ringe schneiden. Die Tomaten auf einem Teller auflegen, die Zwiebelringe darüberstreuen, mit Salz und Pfeffer würzen. Etwas Olivenöl, nach Belieben auch Essig, darüberträufeln und mit Basilikum garnieren. Zu den kalten Muffins servieren.

Aus 1 mach 2

SPARGEL-BLÄTTERTEIG-TÄSCHCHEN MIT KRÄUTERRAHM

ZUTATEN FÜR 4 PORTIONEN

2 Bd. Spargel (weiß oder grün)
2 Pkt. Blätterteig
200 g Schinken (oder Prosciutto)
200 g geriebener Käse
Schuss Essig
Prise Zucker
Salz, Pfeffer
Ei zum Bestreichen
Sesam zum Bestreuen

FÜR DEN KRÄUTERRAHM

2 Becher Sauerrahm
gehackte Kräuter nach Belieben (Schnittlauch, Petersilie, Kerbel, Minze etc.)
Zitronensaft
Salz, Pfeffer

ZUBEREITUNG

Weißen Spargel schälen (grünen Spargel nur von holzigen Stellen befreien) und unteres Ende großzügig (bis zu einem Drittel) wegschneiden. In einem Topf reichlich Salzwasser aufkochen, einen Schuss Essig und eine Prise Zucker zugeben und den Spargel je nach Sorte und Stärke 3–8 Minuten halbweich kochen. Abgießen und abtropfen lassen.
Backrohr auf 180 °C vorheizen. Schinken in kleine Würfel, Spargel in beliebig kleine Stücke schneiden. Blätterteig etwas ausrollen und in quadratische Stücke von etwa 80–10 cm Länge schneiden. Jeweils etwas Schinken darauf verteilen, Spargel daraufsetzen und mit Käse bestreuen. Die Ränder mit Ei bestreichen und den Teig zu Täschchen zusammenklappen. Gut zusammendrücken und mit Ei bestreichen. Mit Sesam bestreuen.
Auf ein mit Backpapier belegtes Backblech legen und ca. 20–25 Minuten goldgelb backen.

FINALE FÜR ZU HAUSE

Inzwischen den Sauerrahm mit etwas Zitronensaft, Salz sowie Pfeffer würzen und die gehackten Kräuter einrühren. Spargeltäschchen herausheben und warm mit dem Kräuterrahm servieren.

FINALE FÜR DAS BÜRO

Spargeltäschchen auskühlen lassen und locker abdecken. Sauerrahm am besten erst am nächsten Tag mit den Kräutern vermengen.

Aus 1 mach 2

SPINATTASCHERL

ZUTATEN FÜR 3–4 PORTIONEN

1 Pkt. Blätterteig
300 g tiefgekühlter Blattspinat
1 kleines Pkt. Feta-Käse (fester Schafkäse in der Lake)
1 Ei für die Spinatmasse
1/2 Bund Jungzwiebeln oder 1 große Zwiebel
2 Knoblauchzehen
Muskatnuss
Salz, Pfeffer
2 EL Olivenöl und Butter
1 Ei zum Bestreichen
Mehl für die Arbeitsfläche

ZUBEREITUNG

Das Backrohr auf 180 °C vorheizen. Jungzwiebeln fein schneiden, Knoblauch fein hacken. Zwiebeln in Olivenöl oder Butter bei kleiner Hitze hell anschwitzen. Knoblauch sowie Blattspinat zugeben und auf kleiner Hitze unter wiederholtem Rühren auftauen lassen. Mit Salz, Pfeffer sowie einer kräftigen Prise Muskatnuss würzen. Vom Herd nehmen und kurz überkühlen lassen. Die Flüssigkeit, die sich am Boden abgesetzt hat, abgießen.
Währenddessen den Feta (ohne Lake) kleinwürfelig schneiden. Unter den Spinat mengen und das Ei einrühren. Auf einer bemehlten Arbeitsfläche den Blätterteig auflegen und nach Wunsch noch etwas größer ausrollen. In regelmäßige Quadrate von etwa 8–10 cm Länge schneiden. Ränder mit verquirltem Ei bestreichen. Mit einem kleinen Löffel jeweils etwas von der Fülle auftragen, die Ecken übereinander schlagen und die Tascherl in der Mitte gut festdrücken. Nochmals mit Ei bestreichen. Auf ein mit Backpapier ausgelegtes Backblech setzen und im heißen Backrohr ca. 20–25 Minuten goldgelb backen.

FINALE FÜR ZU HAUSE

Spinattascherl herausheben, auf einer Vorlegeplatte anrichten und warm servieren.

FINALE FÜR DAS BÜRO

Spinattascherl gut auskühlen lassen, bevor sie für den Transport verpackt werden. Im Büro kalt genießen.

Aus 1 mach 2

ERDÄPFEL-LAUCH-AUFLAUF

Dieses Rezept verdanke ich einer Freundin meiner Tochter, die mittlerweile in Kanada lebt. Ich bin sicher, sie wird es auch dort mit Erfolg für ihre neuen Freunde zubereiten.

ZUTATEN FÜR 1 TORTENFORM

ca. 600 g mehlige Erdäpfel
(je nach Größe der Form)
2 rote Zwiebeln
500 g Lauch
200 g Erbsen
200 g Schinken
250–300 ml Schlagobers
ca. 100 g geriebener Käse
2–3 Knoblauchzehen
Salz, Pfeffer
Muskatnuss
Butter und Semmelbrösel

ZUBEREITUNG

Backrohr auf 180 °C vorheizen. Erdäpfel und Lauch in feine Scheiben, Schinken in Würfel schneiden. Zwiebeln und Knoblauch fein hacken. Erdäpfel und Lauch getrennt jeweils mit Salz, Pfeffer sowie Muskatnuss kräftig würzen. Eine Auflauf- oder Springform gut mit Butter ausstreichen, mit Semmelbröseln ausstreuen und mit Erdäpfeln auslegen. Zwiebeln, Knoblauch, Erbsen, Schinken sowie Lauch abwechselnd darüber verteilen, etwas Käse darüberstreuen und mit den restlichen Erdäpfeln abdecken. Kräftig mit Käse bestreuen. Schlagobers salzen, pfeffern und über die Erdäpfel gießen. Im heißen Backrohr etwa eine Stunde goldgelb backen.

FINALE FÜR ZU HAUSE

Fertig gebackenen Auflauf herausheben und noch heiß mit grünem Salat servieren.

FINALE FÜR DAS BÜRO

Restlichen Auflauf auskühlen lassen. Im Büro kalt genießen.

Aus 1 mach 2

SCHINKEN-KÄSE-KUCHEN (QUICHE LORRAINE)

Foto Seite 58/59

ZUTATEN FÜR 1 TORTENFORM

200 g zimmerwarme Butter
300 g Mehl
50 ml kaltes Wasser
2 EL Parmesan
1 gehackte Knoblauchzehe
Salz

FÜR DIE AUFLAGE

250-300 g Schinken, Speck oder Geselchtes (auch Rohschinken etc.)
200–250 g würziger geriebener Käse (Bergkäse)
200 ml Schlagobers
3 Eier
1–2 Eidotter
Muskatnuss
Salz, Pfeffer

= Kollegentratsch

Also, wenn wir die Mikrowelle schon haben, könnten wir deine Quiche doch kurz erwärmen. Schmeckt sicher auch nicht schlecht, oder?

ZUBEREITUNG

Auf einer Arbeitsfläche oder in einer Schüssel Mehl aufhäufen, Butter in kleinen Stückchen zugeben und mit einer Prise Salz, Parmesan, wenig kaltem Wasser und Knoblauch rasch zu einem glatten Teig verarbeiten. In Folie hüllen und kühl 30–60 Minuten rasten lassen. Mittlerweile das Backrohr auf 180 °C vorheizen. Den Schinken in kleine Würfel schneiden. Eier und Dotter in eine Schüssel schlagen, Obers zugießen und mit Salz, Pfeffer sowie einer Prise Muskatnuss kräftig würzen. Schinken und geriebenen Käse einmengen. Nun Tortenform gut mit Butter ausstreichen. Den Teig etwas ausrollen, in die Form einlegen und mit den Fingerknöcheln in die Form drücken und den Rand hinaufdrücken. Dabei auftretende Risse einfach wieder zusammendrücken. Die Schinken-Käse-Masse einfüllen und die Quiche 50–60 Minuten backen.

FINALE FÜR ZU HAUSE

Den Rand der Quiche mit einem spitzen Messer vorsichtig rundum lösen. Erst bei Tisch portionieren. Dazu passt am besten knackiger Salat.

FINALE FÜR DAS BÜRO

Quiche auskühlen lassen und locker abgedeckt kühl stellen.

Schinken-Käse-Kuchen
[Quiche Lorraine]
Rezept Seite 57

Aus 1 mach 2, 3 …

ÜBERBACKENE ZUCCHINI

Ich liebe Faschiertes! Die Bandbreite der Gerichte ist so unglaublich vielfältig, reicht von orientalisch über asiatisch, mediterran bis zu feinen Pasteten aus dem angelsächsischen Raum – und es kann (fast) nichts schief gehen!

ZUTATEN FÜR 4 PORTIONEN

4 Zucchini
500 g Faschiertes
150 g bereits gekochter Reis
1 Ei
2 Schalotten oder 1 kl. Zwiebel
2 EL Pinienkerne
1 EL gehackte Petersilie
4 EL geriebener Parmesan
8 EL Semmelbrösel
Rosmarinpulver
Oregano, Thymian
Olivenöl
Salz, Pfeffer
Butterflöckchen

ZUBEREITUNG

Schalotten fein schneiden und in etwas Olivenöl hell anschwitzen. Pinienkerne sowie Petersilie zugeben und kurz mitrösten. Vom Herd nehmen und überkühlen lassen. Faschiertes mit gekochtem Reis, der Zwiebelmischung und dem Ei gut vermengen. Das Backrohr auf 180 °C vorheizen.
Zucchini der Länge nach halbieren, mit einem Löffel das Fruchtfleisch herauslösen und fein schneiden. Unter die Masse mischen und mit Rosmarin, Oregano, Thymian, Salz und Pfeffer gut würzen. Die ausgehöhlten Zucchini in eine mit Öl ausgestrichene Backform setzen. Die Masse in die Zucchini füllen und mit den Händen gut festdrücken. Semmelbrösel mit Parmesan vermengen und darüberstreuen. Jeweils mit etwas Olivenöl beträufeln und 30–45 Minuten backen.
Eine Viertelstunde vor Garungsende Butterflöckchen über die Zucchini verteilen und fertig backen.

FINALE FÜR ZU HAUSE

Die überbackenen Zucchini aus dem Backrohr nehmen und etwa mit Braterdäpfeln und Tomatensalat auftragen.

FINALE FÜR DAS BÜRO

Zucchini auskühlen lassen und in eine Frischhaltebox setzen. Im Büro mit reschem Gebäck und frischem Salat genießen.

Aus 1 mach 2, 3 ...

Von der faschierten Grundmasse bereitet man am besten gleich eine größere Menge zu und verarbeitet sie gleich weiter.

1. **Orientalische Fleischbällchen**: Faschierte Masse mit Rosinen, gehackten Nüssen, Ras-el-Hanout, Zimt, Muskatnuss etc. in Richtung Orient würzen, zu kleinen Bällchen formen, herausbacken und kalt genießen. (Hält sich einige Tage.)
2. **Fleischlaberl**: Fleischmasse mit gehacktem Knoblauch und Muskatnuss klassisch österreichisch würzen. Zu flachen Laibchen formen, sofort braten oder ungebraten auf ein mit Backpapier belegtes Brett legen und tiefkühlen. Die gefrorenen Laibchen in Säckchen füllen und weiter tiefkühlen. Später bei Bedarf langsam auftauen und in heißem Fett braten.
3. **Gefüllte Melanzani**: Mit frisch gehacktem Rosmarin, Oregano oder Thymian noch kräftiger mediterran aromatisieren und die Masse in ausgehöhlte Melanzani füllen, deren Fruchtfleisch ebenfalls unter die Masse gemengt wurde. Im Rohr überbacken.
4. **Gefüllte Tomaten**: Große Tomaten aushöhlen, gewürfeltes Fruchtfleisch unter die Masse mengen und mit eingeweichtem Weißbrot binden. In die Tomaten füllen und überbacken.
5. **Gratinierte Fleischkrapferl**: Aus der beliebig gewürzten Masse flache Krapferl formen, in heißem Olivenöl in einer Pfanne braten und wieder herausheben. Mit Mozzarellascheiben abdecken und im heißen Backrohr einige Minuten überbacken.

Aus 1 mach 2

SCHINKENSTICKS AUF RISIPISI

ZUTATEN FÜR 4 PORTIONEN

4 große oder 8 kleinere, je ca. fingerdicke Scheiben Beinschinken
2 Eier
Semmelbrösel und Mehl
1 EL Butterschmalz
Pflanzenöl
Zitronenspalten zum Garnieren

FÜR DAS RISIPISI

2 Tassen Reis
1 kl. Pkg. Erbsen
ca. 4 Tassen klare Suppe oder Wasser
Salz, Pfeffer
Butter

ZUBEREITUNG

Zuerst für das Risipisi den Reis in etwa zwei Esslöffeln Butter anschwitzen. Den Großteil der Suppe zugießen und den Reis aufkochen lassen. Deckel aufsetzen und etwa 5 Minuten auf geringster Hitze köcheln lassen. Nun Erbsen zugeben, durchrühren und den Reis auf kleinster Hitze noch ca. weitere 20–25 Minuten weich garen. Dabei ab und an umrühren und bei Bedarf noch etwas Suppe oder Wasser nachgießen.
Mit Salz und Pfeffer abschmecken.
Inzwischen den Schinken in etwa 2–3 cm dicke Stäbchen schneiden. Eier in einem Teller verschlagen und die Schinkenstäbchen nacheinander in Mehl, Eiern und Semmelbröseln wälzen. In einer Pfanne Butterschmalz mit reichlich Öl erhitzen und die Sticks in heißem Öl goldgelb herausbacken. Herausheben, vorsichtig auf Küchenkrepp abtropfen lassen.

FINALE FÜR ZU HAUSE

Den fertigen Reis auf vorgewärmten Tellern anrichten, die Schinkensticks darauf gruppieren und mit Zitronenspalten garnieren.

FINALE FÜR DAS BÜRO

Schinkensticks und Risipisi getrennt auskühlen lassen. Mit Folie abdecken und kühl stellen.
Im Büro das kalte Risipisi in einer Schüssel anrichten und die Sticks dazu extra servieren.

Aus 1 mach 2, 3 …

CORDON BLEU MIT ERDÄPFELSALAT

Foto Seite 65

Eine Umfrage hat vor kurzem wieder einmal bewiesen, dass die Österreicher nach wie vor am liebsten Wiener Schnitzel essen. Kalorien hin oder her, sobald etwas paniert und knusprig herausgebacken ist, schmeckt es halt auch besonders gut. Sogar kalt!

ZUTATEN FÜR 4 PORTIONEN

4 große, dünne Schnitzel vom Schwein, Kalb oder Truthahn
4 große oder 8 kleine Scheiben Schinken
4 Scheiben Käse (Emmentaler, Gouda etc.)
2 Eier
Mehl und Semmelbrösel
Salz, Pfeffer
Pflanzenöl zum Herausbacken
Zitronenspalten als Dekor

FÜR DEN ERDÄPFELSALAT

1 kg speckige Erdäpfel
250–300 ml Rindsuppe
1 große Zwiebel
2–3 EL Pflanzenöl
2 EL guter Apfel- oder Weinessig
1 TL scharfer Senf
Salz, Pfeffer
Schnittlauch zum Bestreuen

ZUBEREITUNG

Für den Erdäpfelsalat die Erdäpfel schälen und in Salzwasser ca. 20 Minuten weich kochen, Zwiebel fein hacken. Suppe leicht erwärmen, wieder vom Herd nehmen. Senf mit Öl glatt verrühren und mit Essig sowie den Zwiebeln unter die Suppe rühren. Mit Salz und Pfeffer recht kräftig abschmecken. Erdäpfel kurz überkühlen lassen, in Scheiben schneiden und mit der Marinade vermengen. Einige Male kräftig durchrühren und beiseite stellen.
Schnitzel dünn ausklopfen, salzen und pfeffern. Mit Schinken und Käse belegen, zusammenklappen und die Ränder entweder mit dem Schnitzelklopfer gut zusammen - klopfen oder mit Zahnstochern fixieren.
Eier in einem Suppenteller verschlagen und die Schnitzerl zuerst in Mehl wenden, durch das Ei ziehen und in Böseln wälzen. In einer großen Pfanne (oder 2 Pfannen) reichlich Öl erhitzen. Cordon Bleus einlegen, goldbraun herausbacken und auf Küchenkrepp abtropfen lassen.

FINALE FÜR ZU HAUSE

Auf Tellern anrichten und mit Zitronenspalten garnieren. Erdäpfelsalat nochmals abschmecken, mit Schnittlauch bestreuen und dazu auftragen.

FINALE FÜR DAS BÜRO

Schnitzel abkühlen lassen, locker abdecken und kühl stellen. Erdäpfelsalat in eine Frischhaltedose füllen und ebenfalls kühl stellen. Im Büro Erdäpfelsalat mit frischem Schnittlauch bestreuen und zum kalten Cordon Bleu servieren.

Aus 1 mach 2, 3 ...

Beim Erdäpfelsalat ist es ratsam, gleich eine größere Menge zuzubereiten. Er eignet sich nicht nur hervorragend als Beilage zu vielen Fleisch- und Fischgerichten (Wiener Schnitzel, Faschierte Laibchen, Bratwürstel, panierter Fisch etc.), sondern gibt auch im Büro durchaus eine selbständige Mahlzeit ab:

1. **Bratwürstel-Erdäpfelsalat:** Bratwürstel braten, auskühlen lassen und in Scheiben schneiden. Mit in Scheiben geschnittenen Essiggurkerln, hart gekochten Eiern, Kapern und Radieschen unter den Erdäpfelsalat mengen.
2. **Mayonnaise-Erdäpfelsalat**: Gekochtes Gemüse wie Karotten, Erbsen, Kohlrabi, Broccoli, Maiskörner etc. teils kleinwürfelig schneiden und mit etwas Mayonnaise unter den Erdäpfelsalat mischen.
3. **Hering-Erdäpfelsalat**: Heringfilets (Russerl, Matjesfilets etc.) in Streifen, einen Apfel und eine gekochte Rote Rübe kleinwürfelig schneiden. Unter den Salat rühren und mit nicht zu fetter Mayonnaise abschmecken.

COUNT ON ME!

Aus 1 mach 2

HÜHNERCURRY MIT ERDÄPFELN

Für Herdplatte/Mikrowelle im Büro

ZUTATEN FÜR 4 PORTIONEN

600 g Hühnerbrust
600 g Erdäpfel
1 Dose geschälte Tomaten
1 gelbe Rübe (oder Karotte)
2 Knoblauchzehen
1 EL Tomatenmark
250 ml klare Suppe
ca. 200 ml Kokosmilch oder Schlagobers
1/2 EL Garam masala
1 TL geriebener Ingwer oder Ingwerpaste
Kurkuma, Muskatnuss
Currypulver
Salz, Pfeffer
4 EL Butterschmalz
3 EL Kokosflocken
gehackter Koriander bzw. Petersilie nach Belieben

ZUBEREITUNG

Die Hühnerbrust in mundgerechte Würfel schneiden und in eine Schüssel geben. Curry, Kurkuma sowie Muskatnuss kurz in einer Pfanne ohne Fett anrösten, mit Salz sowie Pfeffer unter das Fleisch mischen und kurz stehen lassen. Inzwischen die Erdäpfel in kleine Würfel schneiden, den Knoblauch fein hacken und die Rübe grob raspeln.
In einem Topf das Butterschmalz erhitzen und das Hühnerfleisch darin rundum anbraten. Wieder herausheben und warm stellen. Garam masala einrühren und kurz anrösten. Knoblauch mit der geraspelten Rübe zugeben und kurz durchrösten. Ingwer sowie Tomatenmark einrühren und mit etwas Suppe aufgießen. Nun die Erdäpfel einmengen, so viel Suppe und Kokosmilch zugießen, dass die Erdäpfel gerade bedeckt sind, und zugedeckt köcheln lassen. Die Tomaten grob schneiden und nach etwa 10 Minuten zugeben. Wiederholt umrühren und weitere 10 Minuten köcheln lassen. Bei Bedarf noch etwas Kokosmilch, Suppe oder Wasser nachgießen. Dann Hühnerfleisch wieder zugeben und das Curry sämig einkochen lassen. Nochmals abschmecken.

FINALE FÜR ZU HAUSE

Nach Belieben die Kokosflocken in einer Pfanne ohne Fett anrösten. Hühnercurry in vorgewärmten Tellern anrichten, mit Kokosflocken oder Koriander bestreuen und auftragen.

FINALE FÜR DAS BÜRO

Das Hühnercurry im Büro in der Mikrowelle oder in einem Topf nochmals erhitzen. Anrichten und mit gehacktem Koriander oder Petersilie bestreuen.

Aus 1 mach 2

PICCATA MILANESE AUF MAKKARONI MIT TOMATENSAUCE

ZUTATEN FÜR 4 PORTIONEN

8–16 kleine, dünne Schnitzerl (600–750 g von Truthahn oder Kalb)
400 g Makkaroni (Spaghetti oder andere Nudeln)
2 Eier
2 EL frisch geriebener Grana Padano (Parmesan)
Mehl
Zitronensaft
Salz, Pfeffer
Pflanzen- und Olivenöl
frisches Basilikum als Garnitur

FÜR DIE TOMATENSAUCE

1 Dose geschälte Tomaten
1 kl. Karotte
1 Stange Sellerie
3 Frühlingszwiebeln
2 Knoblauchzehen
1 EL Tomatenmark
Oregano
Salz, Pfeffer
3–4 EL Olivenöl

ZUBEREITUNG

Für die Tomatensauce zunächst Karotte und Sellerie jeweils grob raspeln. Zwiebeln und Knoblauch fein hacken. In einem Topf Olivenöl erhitzen, Zwiebeln mit Knoblauch zugeben und bei mäßiger Hitze langsam anschwitzen. Geraspeltes Gemüse einmengen, durchrühren, Tomatenmark untermengen und einige Minuten mitandünsten. Die Tomaten grob zerkleinern und zugeben. Salzen, pfeffern, Oregano einstreuen und alles zugedeckt auf kleiner Hitze vor sich hinköcheln lassen, bis die Sauce schön homogen geworden ist.
Inzwischen die Schnitzerl bei Bedarf noch etwas platt klopfen. Salzen, pfeffern und mit einigen Tropfen Zitronensaft beträufeln. Kurz ziehen lassen. Eier in einem Teller verschlagen und Parmesan einrühren.
In einer großen Pfanne reichlich Pflanzenöl mit etwas Olivenöl erhitzen. Nun die Schnitzerl zuerst in Mehl wenden, durch die Parmesan-Ei-Masse ziehen und rasch im heißen Fett auf beiden Seiten kurz goldbraun herausbacken. Herausheben und abtropfen lassen.
Parallel dazu die Makkaroni in reichlich Salzwasser nach Anleitung al dente kochen. Abseihen und unter die fertige Tomatensauce mischen. Nach Belieben noch etwas Olivenöl unterrühren.

FINALE FÜR ZU HAUSE

Die Makkaroni auf vorgewärmten Tellern anrichten, die Piccata daraufsetzen und mit frischem Basilikum garnieren.

FINALE FÜR DAS BÜRO

Makkaroni und Piccata getrennt auskühlen lassen. Im Büro die Piccata in schmale Streifen schneiden und unter die Nudeln mischen. Basilikum darüberstreuen.

Aus 1 mach 2

ROLLSCHINKEN MIT ERDÄPFELPÜREE ODER GERIEBENEM KREN

ZUTATEN FÜR 4–5 PORTIONEN

1 kg geselchter Rollschinken (oder Schopfbraten, Karree etc.)

FÜR 2 PORTIONEN ZU HAUSE

500 g Erdäpfel
50–100 ml Schlagobers oder Milch
Butter
Muskatnuss
Salz, Pfeffer

FÜR 2 PORTIONEN IM BÜRO

1 kleines Glas geriebener Kren oder Oberskren
4 Essiggurkerl
scharfer Senf
4 Scheiben Schwarzbrot
Butter nach Belieben

ZUBEREITUNG

Das Geselchte in reichlich Wasser ca. 1 $^1/_2$ Stunden weich kochen.

FINALE FÜR ZU HAUSE

Für das Erdäpfelpüree die geschälten Erdäpfel in Salzwasser weich kochen. Die heißen Erdäpfel durch eine Presse drücken. In einem kleinen Topf Schlagobers oder Milch mit einem Esslöffel Butter langsam erhitzen. Mit den Erdäpfeln vermengen und mit Salz, Pfeffer sowie einer Prise Muskatnuss abschmecken. Abschließend noch ein kleines Stück Butter unterrühren. Etwa die Hälfte des Geselchten aufschneiden und mit dem Erdäpfelpüree anrichten. Das Fleisch mit wenig Kochsud beträufeln. Dazu Gurken-Rahm-Salat als Beilage reichen.

FINALE FÜR DAS BÜRO

Restliches Fleisch erkalten lassen. Im Büro in dünne Scheiben schneiden und anrichten. Mit den fächerförmig geschnittenen Essiggurkerln garnieren, Kren und Senf daneben platzieren und mit Butter sowie Brot auftragen.

Aus 1 mach 2

SCHWEINSFILET IN LIMETTENSAUCE AUF KRÄUTERREIS

ZUTATEN FÜR 4 PORTIONEN

2 Schweinslungenbraten zu je ca. 300 g
3 Limetten (oder 2 Zitronen)
1 Bund Zitronenmelisse oder Minze
Schuss Limoncello (Zitronenlikör oder Limettensaft)
Mehl
Salz, Pfeffer
Rapsöl und etwas Butter
klare Suppe oder Wasser

FÜR DAS FINALE FÜR DAS BÜRO

1 Handvoll geschälte Mandarinenspalten (aus der Dose)
Zitronen- oder Sesamöl und Zitronenpfeffer nach Belieben
2 EL Sesam

FÜR DEN KRÄUTERREIS

2 Tassen Reis
3 Frühlingszwiebeln
ca. 4 Tassen klare Suppe oder Wasser
2 EL gehackte Kräuter (Minze, Melisse, Thymian, Oregano etc.)
1 Knoblauchzehe
Salz, Pfeffer
2 EL Butter

ZUBEREITUNG

Limetten auspressen, die Zitronenmelisse fein hacken und miteinander vermengen. Kräftig salzen und pfeffern. Die Schweinsfilets zuputzen, rundum gut mit der Limettenmarinade einstreichen und kühl mindestens 30 Minuten ziehen lassen. Backrohr auf 180 °C vorheizen. Die Filets mit etwas Mehl bestreuen. In einer Pfanne etwa einen Esslöffel Butter mit etwas Rapsöl erhitzen und die Filets darin rundum goldbraun anbraten. In eine feuerfeste Form setzen, etwas Suppe zugießen und mit dem zurückgebliebenen Bratensatz beträufeln. Noch etwa 8–15 Minuten auf den gewünschten Garpunkt braten. Dabei mindestens einmal mit Bratensaft übergießen.
Währenddessen die Frühlingszwiebeln fein schneiden, Knoblauch fein hacken und beides in heißer Butter langsam anschwitzen. (Die Zwiebeln sollten nicht dunkel werden!) Reis zugeben, mit Suppe oder Wasser aufgießen, salzen, pfeffern und zugedeckt insgesamt je nach Reissorte ca. 20 Minuten garen. Einige Minuten vor Garungsende die frisch gehackten Kräuter und ein nussgroßes Stück Butter unterrühren. (Getrocknete Kräuter gleich zu Beginn einmengen.)

FINALE FÜR ZU HAUSE

Schweinsfilet aus dem Rohr nehmen und in Alufolie gehüllt noch einige Minuten rasten lassen. Den Bratenrückstand mit einem Schuss Limoncello sowie Suppe oder Wasser lösen und kurz einkochen lassen. Filet aufschneiden. Kräuterreis auf vorgewärmten Tellern anrichten, Filetscheiben daraufsetzen und mit etwas Limettensauce beträufeln.

FINALE FÜR DAS BÜRO

Schweinsfilet herausnehmen und ebenso wie den Reis abkühlen lassen. Kaltes Filet in Scheiben schneiden und diese nach Belieben mit Zitronen- oder Sesamöl beträufeln und mit Zitronenpfeffer würzen. Sesam in einer Pfanne ohne Fett mild rösten. Reis mit den Filetscheiben sowie den Mandarinenspalten locker vermengen, Sesam unterrühren und nochmals abschmecken. In eine Frischhaltebox füllen und kühl stellen.

Aus 1 mach 2, 3 ...

SCHOPFBRATEN MIT MITGEBRATENEN ERDÄPFELN

ZUTATEN FÜR 4–5 PORTIONEN

1 kg Schweinsbraten vom Schopf (oder Karree)
5–6 Knoblauchzehen
Kümmel
Rindsuppe oder Wasser zum Aufgießen
Salz, Pfeffer

FÜR ZU HAUSE

500 g Erdäpfel

FÜR DAS BÜRO

frisch geriebener Kren (aus dem Glas)
Senf
Essiggurkerl, Radieschen etc.
Gebäck

ZUBEREITUNG

Schweinsbraten mit Salz, Pfeffer, zerdrücktem Knoblauch und Kümmel rundum gut einreiben. Kurz rasten lassen. Hat der Braten eine Fetteindeckung, diese mit einem scharfen Messer der Länge und der Breite nach regelmäßig einschneiden. Erdäpfel schälen, bei Bedarf halbieren oder vierteln und in Salzwasser 5–7 Minuten vorkochen. Abseihen. Backrohr auf 220 °C vorheizen. Braten mit der „schönen“ Seite nach unten in eine Bratenform setzen und 15 Minuten braten. Hitze auf 180–170 °C reduzieren. Erdäpfel rund um den Braten gruppieren, ein wenig Suppe oder Wasser angießen und etwa 1 1/2–2 Stunden braten. Währenddessen nach der Hälfte der Bratzeit den Braten wenden und Fleisch wie Erdäpfel wiederholt mit Bratensaft übergießen. Ab und an frische Suppe zugießen. Sobald der Braten außen knusprig und innen gar ist (beim Anstechen mit einem Spießchen tritt nur mehr klarer Saft aus), herausheben und in Alufolie gehüllt noch 5–10 Minuten warm rasten lassen. Erdäpfel ebenfalls warm stellen.

FINALE FÜR ZU HAUSE

Bratenrückstand mit etwas Suppe aufgießen und nochmals kräftig aufkochen. Braten tranchieren, anrichten, mit Saft beträufeln und mit dem „Mitgebratenen" servieren. Dazu passt Krautsalat.

FINALE FÜR DAS BÜRO

Den restlichen Schweinsbraten auskühlen lassen. Am nächsten Tag mit der Brotschneidemaschine dünn aufschneiden und in Folie verpacken. Im Büro mit geriebenem Kren, Senf, Gurkerln, Radieschen und frischem Brot genießen.

Aus 1 mach 2, 3 ...

Kochen Sie gleich etwas mehr Erdäpfel (am besten in der Schale). Die Bandbreite ihrer Verwendung ist äußerst vielseitig:

1. **Erdäpfelpuffer mit Speck**: Die gekochten Erdäpfel reiben und mit Ei, Salz, Pfeffer, Muskatnuss sowie klein gewürfeltem Speck oder Schinken vermengen. Die Masse in Form von kleinen Puffern in heißem Öl braten.
2. **Rösti mit Spiegelei**: Die geriebenen Erdäpfel würzen, in eine große Pfanne geben, festdrücken und braten. Behutsam wenden und die zweite Seite ebenfalls goldbraun rösten. Ein knusprig gebratenes Spiegelei darauf anrichten und fertig ist die kleine Mahlzeit!
3. **G'röstl**: Gekochte Erdäpfel in Scheiben schneiden, mit Zwiebeln in heißem Fett knusprig braten und nach Belieben mit Bratenresten, Blutwurstscheiben, Speck und verschlagenem Ei vermengen. Fertig braten.
4. **Kroketten, Erdäpfelnudeln, Erdäpfelknödel**: Aus geriebenen Erdäpfeln, etwas Mehl, Ei und wenig Grieß einen Teig kneten und zu Knödeln (auch Obstknödeln), Erdäpfelnudeln, Kroketten etc. formen. In heißem Fett herausbacken oder in Salzwasser kochen.

Aus 1 mach 2

CHICKENWINGS AUF ZWEIERLEI ART MIT KNOBLAUCHBAGUETTE

Vermutlich werden Sie nicht oft Zeit und Lust haben, beide Hühnerflügerl-Varianten bei einem Essen aufzutischen. Das muss ja auch nicht sein. Die eine Spielart heute, die andere das nächste Mal – Hauptsache, es sind immer genug Flügerl da, denn sonst gibt's ernste Probleme am Esstisch. Zumindest ist es bei uns so.

ZUTATEN FÜR 4 PORTIONEN

24 Hühnerflügerl
4 Baguettes
2–3 Knoblauchzehen und/oder Kapern
Butter
Salz, Pfeffer
Kresse zum Garnieren

FÜR DIE PANIERTEN FLÜGERL

2 Eier
Mehl und Brösel
Salz, Pfeffer
Öl

FÜR DIE GEBRATENEN FLÜGERL

1 nussgroßes Stück Ingwer
dickflüssige Chilisauce oder scharfer Ketchup nach Geschmack
1 EL Honig
Wasabikrenpaste
Chilipulver, Sojasauce, Balsamicoessig
Sesamöl
Salz, Pfeffer
Öl
Sweet Chilisauce

ZUBEREITUNG

Ingwer schälen, fein hacken oder reiben und mit Honig, Chilisauce, Wasabikren, Chilipulver, Sojasauce, Balsamico, Salz sowie Pfeffer zu einer süßlichen, aber scharfen Marinade verrühren. Die Hälfte der Hühnerflügerl damit marinieren. Ziehen lassen. Die restlichen Flügerl salzen, pfeffern und in Mehl, verschlagenem Ei und Bröseln panieren.
In einer Panne etwas Öl erhitzen und die marinierten Hühnerflügerl darin bei nicht zu großer Hitze (die Marinade lässt sie schnell braun werden!) rundum etwa 20–30 Minuten knusprig braten. (Oder im vorgeheizten Backrohr bei 180 °C unter einmaligem Wenden braten.) Gegen Schluss mit etwas Sesamöl beträufeln. Inzwischen in einer anderen Pfanne reichlich Öl erhitzen und die panierten Flügerl darin unter wiederholtem Wenden goldbraun herausbacken. Herausheben und gut abtropfen lassen.

Foto Seite 74/75

FINALE FÜR ZU HAUSE

Knoblauch hacken und etwa zwei Drittel davon mit etwas zimmerwarmer Butter vermengen, salzen und pfeffern. Auf die Hälfte der halbierten Baguettes auftragen und im heißen Backrohr kurz überbacken. Heraus - heben, mit Kresse bestreuen und zu den Chickenwings auftragen. Frischen Tomaten- oder Gurkensalat sowie Sweet Chilisauce zum Dippen dazu servieren.

FINALE FÜR DAS BÜRO

Hühnerflügerl auskühlen lassen. Nur locker mit einer Alufolie abdecken und kühl stellen. Den restlichen Knoblauch ebenfalls mit etwas Butter vermischen, salzen, pfeffern. (Oder je nach Rücksicht auf die Kollegen Knoblauch weglassen und stattdessen gehackte Kapern verwenden.) Kalt stellen. Im Büro die Baguettes halbieren, gewürzte Butter auftragen und nach Möglichkeit überbacken oder kalt zu den Hühnerflügerln servieren. Mit Sweet Chilisauce oder Ketchup zum Dippen sowie frischer Rohkost servieren.

REISFLEISCH

Aus 1 mach 2

Für Herdplatte/ Mikrowelle im Büro

ZUTATEN FÜR 4–5 PORTIONEN

600 g Fleisch zum Dünsten (Kalbs-, Schweins- oder Lammschulter, aber auch Hühner- oder Truthahnfleisch)
2 Tassen Reis
ca. 5 Tassen Rindsuppe oder Wasser
1 große Zwiebel
1 Knoblauchzehe
1 EL Tomatenmark
1–2 EL edelsüßes Paprikapulver
1 Chilischote
1 EL Sauerrahm oder Schlagobers
Schuss Rotwein-essig
Butter und Pflanzenöl
Gemahlener Kümmel
Salz, Pfeffer
2–3 EL geriebener (milder) Käse
Sauerrahm als Garnitur

ZUBEREITUNG

Fleisch in mundgerechte Würfel, Zwiebel fein und Knoblauch sehr fein schneiden. In einem Topf die Zwiebelwürfel in etwa einem Esslöffel Butter und etwas Öl sehr langsam glasig werden lassen. Je länger, desto besser. Chilischote halbieren, Kerne entfernen und Schote fein schneiden.
Mit Knoblauch und dem Fleisch zugeben und alles kräftig durchrösten. Paprikapulver darüberstreuen, mit einem Schuss Essig ablöschen und das Tomatenmark einrühren. Wenig Suppe oder Wasser zugießen (das Fleisch sollte gerade nur bedeckt sein) und das Fleisch je nach Sorte und Qualität 5 Minuten (Huhn, Truthahn) bis 30 Minuten auf kleiner Flamme fast weich dünsten.
Nun den Reis einmengen, mit Salz, Pfeffer sowie Kümmel würzen und die restliche Suppe oder das Wasser zugießen. Zugedeckt bei mäßiger Hitze auf dem Herd oder im Backrohr noch gute 20–30 Minuten dünsten, bis der Reis weich gegart ist. Währenddessen ab und an umrühren und bei Bedarf etwas Flüssigkeit zugießen, damit sich der Reis nicht anlegt. Abschließend Sauerrahm oder Schlagobers einrühren und nochmals abschmecken.

FINALE FÜR ZU HAUSE

Den geriebenen Käse in das fertige Reisfleisch einrühren. Reisfleisch wenn möglich in größere Tassen füllen, fest drücken und auf vorgewärmte Teller stürzen. Mit einem Tupfen Sauerrahm garnieren.

FINALE FÜR DAS BÜRO

Fertiges Reisfleisch im Büro nochmals in der Mikrowelle oder auf dem Herd (langsam, damit nichts anbrennt!) erhitzen. Käse unterrühren und anrichten.

Aus 1 mach 2

BANANENKUCHEN MIT WALNÜSSEN

ZUTATEN

350–400 g reife Bananen (ca. 3 größere Bananen)
150 g grob gehackte Walnüsse
180 g glattes Mehl
130 g zimmerwarme oder geschmolzene Butter
150 g Zucker
2 Eier
2 TL Backpulver
1 Msp. Natron
$^1/_2$ Pkt. Vanillezucker
1 Schuss Cognac oder Brandy
Prise Salz
Butter für die Form

FÜR DIE GARNITUR

Rumzwetschken (s. S. 81) oder Zwetschkenkompott
Vanilleeis für zu Hause
Geschlagenes Obers aus der Dose im Büro

ZUBEREITUNG

Das Backrohr auf 170 °C vorheizen. In einer Schüssel Butter mit Zucker gut verrühren. Eier einschlagen und alles schaumig rühren. Von den Bananen zwei Drittel mit einer Gabel zerdrücken und ein Drittel in gröbere Stücke schneiden. Die zerdrückten Bananen unter die Eiermasse mengen. Nun Mehl, Backpulver, Natron, Vanillezucker sowie eine Prise Salz zugeben und alles gut verrühren. Die grob gehackten Walnüsse sowie die Bananenstücke und einen Schuss Cognac einmengen. Eine passende Kasten- oder Rehrückenform gut mit Butter ausstreichen. Masse einfüllen und im heißen Backrohr eine gute Stunde backen. (Je nach Größe der Form bis zu 75 Minuten.) Herausnehmen, überkühlen lassen und stürzen.

FINALE FÜR ZU HAUSE

Den Kuchen lauwarm oder kalt portionieren und mit Vanilleeis sowie Rumzwetschken auftragen.

FINALE FÜR DAS BÜRO

Den kalten Kuchen am besten erst im Büro in Scheiben schneiden und mit geschlagenem Obers garnieren. Mit Zwetschkenkompott genießen.

Aus 1 mach 2

TIRAMISU-NOCKERL

Ich verwende sehr gerne Vollkornbiskotten für diese doch recht üppige Leckerei. Das lässt die sündhaften Nockerl nicht nur etwas gesünder wirken, sondern verleiht ihnen auch einen herzhafteren Geschmack.

ZUTATEN FÜR 1 MITTLERE AUFLAUFFORM

ca. 40 (Vollkorn-)Biskotten (je nach Größe der Form auch mehr)
300 g Mascarpone
300 g Mascarino
5 topfrische Eidotter
2–3 Eiklar
100 g Zucker
1 große Tasse kalter Kaffee (Caffee Latte, Cappuccino, Eiskaffee aus der Dose etc.)
1 Pkt. Vanillezucker
50 ml Kaffeelikör
Zimt
Kakaopulver
Minzeblätter zum Garnieren

ZUBEREITUNG

Eiklar steif schlagen, etwa einen Esslöffel Zucker zugeben und zu festem Schnee schlagen. Eidotter mit dem restlichen Zucker schaumig schlagen. Nun Mascarpone, Mascarino sowie Vanillezucker einmengen und den Schnee unterziehen. In einem Suppenteller den kalten Kaffee mit Kaffeelikör und Zimt aromatisieren. Biskotten jeweils kurz durch den Kaffee ziehen und den Boden der Auflaufform damit auslegen, mit Creme bedecken und abermals mit getränkten Biskotten belegen. So lange wiederholen, bis alles verbraucht ist, dabei mit einer Schicht Creme abschließen. Mit Klarsichtfolie abdecken und einige Stunden kühl ziehen lassen.

FINALE FÜR ZU HAUSE

Mit einem möglichst großen Löffel aus der Masse größere Nockerl stechen und auf Tellern anrichten. Kakaopulver durch ein Sieb darüberstreuen und mit Minzeblättern garnieren.

FINALE FÜR DAS BÜRO

Tiramisu in Portionsstücke teilen, in Frisch - haltedosen setzen und erst im Büro mit Kakao bestreuen.

Aus 1 mach 2

ZIMT-BANANEN MIT BEERENCREME

ZUTATEN FÜR 4 PORTIONEN

4 Bananen
250 ml Süßwein (Auslese, Met oder Pflaumenwein)
1 Zimtstange (oder kräftige Prise Zimt)
6 Gewürznelken
Mark von 1 ausgekratzten Vanillestange oder 1 EL Vanillezucker
Zucker nach Belieben
Minzeblätter zum Garnieren
8 Biskotten

FÜR DIE BEERENCREME

150 ml Sauerrahm
150 ml Joghurt
250 g Beeren nach Belieben (Heidel-, Him-, Erd- oder Walderdbeeren)
2 Blatt Gelatine
1 Stamperl Grand Marnier
Prise Vanillezucker
Staubzucker nach Belieben

ZUBEREITUNG

Für die Creme Gelatine in kaltem Wasser einweichen. Grand Marnier leicht erwärmen, Gelatine ausdrücken und darin auflösen. Die Hälfte der Beeren pürieren oder zerdrücken. Sauerrahm und Joghurt miteinander verrühren. Die pürierten Beeren gemeinsam mit der Gelatine unterrühren, nach Belieben mit Vanille- und Staubzucker süßen und kalt stellen.
Wein mit Vanillezucker, Zucker nach gewünschter Süße (auf die Süßkraft des Weins Rücksicht nehmen!), Gewürznelken und Zimtstange langsam erhitzen, aber nicht richtig kochen lassen. Einige Minuten bei schwacher Hitze ziehen lassen. Inzwischen Bananen schälen, in Scheiben schneiden und zugeben. Einmal behutsam umrühren, ganz kurz aufkochen lassen und wieder vom Feuer nehmen. Bananen zugedeckt auskühlen lassen.

FINALE FÜR ZU HAUSE

Bananen aus dem Sud heben und in Schalen anrichten. Die Creme mit einem Löffel nockerlartig darauf platzieren. Die restlichen Beeren darüber streuen und mit Minzeblättern garnieren. Den übrig gebliebenen Sud nach Belieben in winzige Schüsselchen (chin. Sojasauce-Schüsselchen) gießen und extra servieren. Biskotten ebenfalls extra reichen und jeweils in den Wein eintunken.

FINALE FÜR DAS BÜRO

Die ausgekühlten Bananen samt Sud in eine Frischhaltebox geben. Einen Suppenteller oder Kompottschüssel mit Biskotten auslegen, die Bananen samt Wein darüber verteilen, Beerencreme auftragen und die restlichen Beeren darüberstreuen. Nach Lust mit Minzeblättern garnieren.

Aus 1 mach 2, 3 ...

NUSSSCHMARREN MIT RUMZWETSCHKEN

Foto Seite 82/83

Diesen Schmarren bräuchte er eigentlich gar nicht, meinte ein Freund einmal zu mir, aber die Rumzwetschken, ja, die seien sein Ruin! Ist also doch besser, wenn er auch meinen Schmarren dazu isst ...

ZUTATEN FÜR 4 PORTIONEN

100 g Walnüsse
4 Eier
2 EL Rosinen
40 ml Nuss- oder Marillenschnaps
100–120 g Grieß
ca. 250 ml Milch
4 EL Zucker
3–4 EL Butter zum Backen
Salz
Staubzucker und Zimt

FÜR DIE RUMZWETSCHKEN

600 g Zwetschken
1–2 Stamperln Rum
1–2 EL Zucker
3–4 Gewürznelken
Zimtpulver

ZUBEREITUNG

Für die Rumzwetschken die Zwetschken halbieren, entkernen und in einem Topf mit Rum, Zucker, Gewürznelken sowie Zimt zugedeckt 5–8 Minuten dünsten. Abkühlen lassen.
In einem Topf die Milch erwärmen, Grieß einlaufen lassen, aufkochen und wieder vom Herd nehmen. Zugedeckt knappe 10 Minuten quellen lassen, währenddessen wiederholt umrühren, damit sich der Grieß nicht anlegt. Inzwischen die Rosinen mit Schnaps beträufeln. Eier in Klar und Dotter trennen, die Walnüsse grob hacken. Eiklar mit einer Prise Salz schlagen, einen Esslöffel Zucker zugeben und steif ausschlagen. Dotter mit dem restlichen Zucker verrühren und unter den Grieß rühren. Ist dieser mittlerweile zu fest geworden, vorher noch etwas Milch unterrühren und kräftig durchrühren. Schnee unterziehen, Nüsse und Rosinen einmengen.
In einer großen Pfanne (oder 2 kleineren) Butter schmelzen lassen, Masse eingießen und goldgelb anbacken. Ein- oder zweimal teilen, die Stücke wenden und ebenfalls goldgelb backen. Währenddessen in kleinere Stücke reißen.

FINALE FÜR ZU HAUSE

Auf vorgewärmten Tellern anrichten, mit Staubzucker sowie Zimt bestreuen und mit den Rumzwetschken servieren.

FINALE FÜR DAS BÜRO

Schmarren auskühlen lassen und in eine Frischhaltedose geben. Im Büro mit der Gabel auflockern, mit Staubzucker und Zimt bestreuen und mit den Rumzwetschken servieren.

Aus 1 mach 2, 3 ...

Das Grundrezept dieses Schmarrens lässt sich recht vielfältig abwandeln, lassen Sie Ihrer Phantasie dabei freien Lauf:

1. **Grießschmarren**: Die gehackten Nüsse einfach weglassen und etwa mit Apfelkompott servieren.
2. **Schinken- oder Käseschmarren**: Den Grießschmarren nicht süßen, dafür Schinken- und/oder Käsewürfel untermengen. Mit Salz, Pfeffer und Muskatnuss würzen.
3. **Polentaschmarren**: Statt Grieß grobe Polenta verwenden und mit geriebenem Parmesan bestreuen.
4. **Mediterraner Schmarren**: Polenta- oder Grießschmarren mit klein geschnittenen getrockneten Tomaten, Rosmarin, Oregano und Prosciutto verfeinern.

Aus 1 mach 2

VOLLKORNMUFFINS MIT ZIMTROSINEN

ZUTATEN FÜR 24 MUFFINS

300 g Vollkornmehl
7 Eier
125 g zimmertemperierte Butter
1 Pkt. Backpulver
1 Pkt. Vanillezucker
Zimt
200 g Rohzucker
200 ml Milch
6 EL Rosinen
Salz
Rum oder Schnaps zum Einweichen
Zitronenschale
Butter für die Form
Eis, geschlagenes Obers oder Kompott als Garnitur

ZUBEREITUNG

Rosinen in Rum einweichen. Butter mit Zucker gut verrühren, Eier trennen und Dotter nach und nach in die Masse einrühren. Mit Vanillezucker und Zitronenschale aromatisieren. Backrohr auf 180 °C vorheizen.
Eiklar mit einer kleinen Prise Salz zu Schnee schlagen. Backpulver unter das Mehl mengen und mit der Milch unter die Buttermasse rühren. Schnee unterziehen. Abschließend die Rosinen bei Bedarf kurz abtropfen lassen, mit einer kräftigen Prise Zimt abmischen und behutsam einrühren. Masse zweidrittelhoch in ausgebutterte Förmchen (oder Papierkapseln) füllen. Je nach Größe ca. 20 Minuten backen. Herausheben.

FINALE FÜR ZU HAUSE

Lauwarme Muffins nach Belieben mit geschlagenem Obers, Eis oder Kompott servieren.

FINALE FÜR DAS BÜRO

Muffins auskühlen lassen und im Büro ganz „solo“ oder in Begleitung von beliebiger Garnitur genießen.

Aus 1 mach 2

FRUCHTIGER BREAD-AND-BUTTER-PUDDING MIT ZIMTOBERS

Foto Seite 87

Da diese feine Süßspeise – wie der Name bereits verspricht – ein Auflauf und keine Torte ist, versuche ich gar nicht, den Pudding wie eine Torte aufzuschneiden. Je nach Hunger und Gusto steche ich mit der Tortenschaufel individuell große Stücke oder Nocken ab.

ZUTATEN FÜR 1 AUFLAUFFORM MIT CA. 17 CM Ø (ODER 2 ENTSPRECHEND KLEINERE FÖRMCHEN)

200 g altbackener Brioche oder 4 Semmeln
200–250 g Äpfel, Zwetschken oder Marillen
2 EL in Schnaps oder Rum eingeweichte Rosinen
2 EL gehackte Hasel- oder Walnüsse
200 ml Schlagobers
200 ml Milch (je nach Trockenheit der Semmeln auch mehr)
2–3 Eier
Kristallzucker nach Belieben
1 Pkt. Vanillezucker
Zitronenschale
Zimt
Butter und Zucker für die Form

FÜR DIE GARNITUR ZU HAUSE

1/2 Becher Schlagobers
Staubzucker
Zimtpulver

FÜR DIE GARNITUR IM BÜRO

Schlagobers aus der Dose
Zimtpulver

ZUBEREITUNG

Brioche oder Semmeln in Scheiben schneiden. Schlagobers mit Milch, Eiern, einem Esslöffel Kristall- sowie dem Vanillezucker verquirlen und etwa zwei Drittel davon darübergießen. Den Rest beiseite stellen. Masse etwas ziehen lassen. Inzwischen eine passende Auflaufform – oder am besten zwei kleine Auflaufförmchen – mit Butter ausstreichen und mit Zucker ausstreuen. Obst entkernen bzw. das Kerngehäuse der Äpfel ausschneiden und Früchte in passende flache Stücke, Scheiben oder Würferl schneiden. (Dabei darauf achten, dass die Stücke nicht zu groß geraten.) Mit den eingeweichten Rosinen, Nüssen, Zimt, etwas Zitronenschale und nach Geschmack auch noch etwas Zucker vermengen. Das Backrohr auf 180 °C vorheizen. Die Hälfte der Semmelmasse in die Form(en) füllen, Obst darüber verteilen und wieder mit Semmelmasse abdecken. Alles gut andrücken und mit dem restlichen Guss übergießen. Im Backrohr eine gute halbe Stunde goldbraun backen.

FINALE FÜR ZU HAUSE

Bread-and-Butter-Pudding aus dem Backrohr nehmen und kurz über-, aber nicht auskühlen lassen. Inzwischen Schlagobers schlagen, mit Staubzucker und Zimt aromatisieren. Den noch lauwarmen Pudding portionsweise anrichten und mit dem Zimtobers garnieren.

FINALE FÜR DAS BÜRO

In der Form auskühlen lassen und auch am besten in dieser transportieren. Im Büro in den kleinen Förmchen auftragen oder portionsweise anrichten. Mit Fertigschlagobers garnieren und mit Zimt bestreuen.

2. MAHLZEIT

Kochen im Büro

Leberkässpießchen
mit Rahmgurken
Rezept Seite 90

LEBERKÄSSPIESSCHEN MIT RAHMGURKEN

Foto Seite 88/89

ZUTATEN FÜR 1–2 PORTIONEN

150 g Leberkäse im Ganzen
50 g fester Schafkäse im Ganzen
3–4 Cocktailtomaten
1 EL schwarze Oliven ohne Kerne
1 Paprikaschote
getrockneter Oregano
kleine Spießchen

FÜR DIE RAHMGURKEN

3 kleine Feldgurken oder $^1/_2$ große Salatgurke
ca. 150 ml Sauerrahm und/oder Joghurt
frischer Thymian oder Dille
Salz, Pfeffer

ZUBEREITUNG

Leberkäse, Schafkäse sowie Paprika in Würfel bzw. Streifen schneiden. Den Schafkäse rundum mit Oregano bestreuen. Nun Leberkäse, Tomaten, Schafkäse, Oliven und Paprika abwechselnd auf kleine Spießchen stecken. Auf einem Teller anrichten.

Die Gurken gut waschen und in Scheiben oder Streifen schneiden. Den Sauerrahm mit Joghurt, Salz, Pfeffer und Thymian oder Dille verrühren. Unter die Gurken mengen und nochmals abschmecken. Neben den Spießchen anrichten und mit Thymian oder Dille bestreuen. Dazu schmeckt am besten knuspriges Fladenbrot.

BEAMTENFORELLE IN ESSIG UND ÖL

ZUTATEN FÜR 1 PORTION

1–2 Knackwürste
½ Bund Frühlingszwiebeln
guter Essig und Öl nach Geschmack (Kürbiskernöl, Walnussöl, Rotweinessig etc.)
1 hart gekochtes Ei als Garnitur
Gemüse als Garnitur (Radieschen, Paprikaschote, Essiggurkerl etc.)

ZUBEREITUNG

Die Frühlingszwiebeln in feine Ringe schneiden.
Die Haut der Knackwurst abziehen und die Wurst jeweils der Länge nach an-, aber nicht ganz durchschneiden. Etwas auseinanderdrücken und mit der Öffnung nach unten auf den Teller stellen.
Die Zwiebelringe darauf oder rundum verteilen.
Mit Essig und Öl beträufeln.
Das gekochte Ei schälen und in Spalten schneiden.
Gemüse nach Belieben in Scheiben oder Streifen schneiden. Die Wurst mit Eierspalten und Gemüse garnieren. Mit knusprigem Brot genießen.

10 Lebensmittel, die im Büro bereitstehen sollten

1. Salz und Pfeffer
2. Gewürze, die Sie gerne verwenden, wie etwa Chilipulver, Cayennepfeffer, Curry, Muskatnuss etc.
3. Getrocknete Kräuter (Oregano, Thymian, Basilikum etc.)
4. Gutes Olivenöl und Essig (Balsamico- und/oder Weinessig)
5. Zucker
6. Würzmittel wie Sardellenpaste, Senf, Soja- oder Worcestershiresauce
7. Pflanzenöl zum Braten
8. Nudeln
9. Knäckebrot oder lange haltbares Vollkornbrot (Pumpernickel)
10. Eingelegtes Gemüse zum Garnieren und zwischendurch Naschen (Oliven, Essiggurkerl, Kapern, Maiskölbchen etc.)

EISENBLÜTE MIT WALNUSS-BIRNE

In meiner Kindheit galt dieses Gericht als beliebte Jause, wenn es nach einer langen Wanderung endlich ins Wirtshaus ging. Ich mochte es damals gar nicht und hielt mich lieber an Erbsensuppe. Dann wurde es um die Speise mit dem seltsamen Namen auch ziemlich still in der Gastronomie. Dank ausgezeichneter heimischer Käse findet die Eisenblüte nunmehr langsam wieder zurück auf die Speisekarten. Zum Glück, denn mittlerweile kann ich gar nicht genug kriegen davon.

ZUTATEN FÜR 1 PORTION

100 g Blauschimmelkäse (Gorgonzola)
1 Birne
2–3 EL Walnüsse
Zitronensaft
Butter nach Belieben
Pfeffer
2–3 Scheiben Bauern- oder Vollkornbrot

ZUBEREITUNG

Die Walnüsse grob schneiden. Die Birne vierteln, das Gehäuse entfernen und die Birne kleinwürfelig schneiden. Mit Zitronensaft beträufeln und kurz ziehen lassen. Inzwischen den Gorgonzola in kleine Würfel schneiden und auf einen Teller geben. Butter nach Geschmack in kleinen Stückchen dazugeben und alles mit einer Gabel zerdrücken. Dabei gut durchmischen. Pfeffern. Nun den Käse in der Mitte eines Tellers anrichten. Die Birnenwürfel mit den gehackten Walnüssen vermengen und rundum gruppieren. Mit frischem Brot servieren.

AVOCADO-SHRIMPS-BAGUETTE Foto Seite 94/95

Wenn es etwas zu feiern gibt, dann garniere ich die Baguettes auch gerne mit gekochten Wachteleiern und Forellenkaviar. Das sieht dann gleich viel festlicher aus – und schmeckt noch um einen Tick raffinierter.

ZUTATEN FÜR 2 PORTIONEN

2 kleine Baguettes oder anderes längliches Gebäck
ca. 50 g eingelegte Shrimps
1 hart gekochtes Ei
1 reife Avocado
1 große Tomate oder mehrere kleine Cocktailtomaten
1 EL Crème fraîche oder Sauerrahm
1 TL Sardellenpaste
Zitronensaft zum Beträufeln
Chilipulver oder Cayennepfeffer
Salz, Pfeffer

ZUBEREITUNG

Die Avocado der Länge nach halbieren, den Kern entfernen, das Fruchtfleisch mit einem kleinen Löffel herausheben und in einen Suppenteller geben. Mit einer Gabel zerdrücken und rasch mit Zitronensaft beträufeln, damit sich die Avocado nicht braun verfärbt. Crème fraîche oder Sauerrahm einrühren, salzen, pfeffern und mit etwas Chili und Sardellenpaste geschmacklich abrunden. Das hart gekochte Ei schälen und in Scheiben schneiden. Stielansatz bei der Tomate entfernen und ebenfalls in Scheiben schneiden.
Nun die Baguettes der Länge nach aufschneiden und die untere Hälfte jeweils großzügig mit Avocadocreme bestreichen. Etwas für die Garnitur zurückbehalten.
In beliebiger Reihenfolge die gut abgetropften Shrimps, die Tomaten- und Eierscheiben darauf drapieren. Tomaten und Eier etwas salzen. Die zurückbehaltene Avocadocreme auf die Eier oder Tomaten drapieren und die obere Baguettehälfte locker aufsetzen.

Avocado-
Shrimps-Baguette
Rezept Seite 93

GEFÜLLTE PAPRIKA AUF BÜROART

ZUTATEN FÜR 1 PORTION

1 Paprikaschote (grün, gelb oder rot)
1 große Tomate oder
1 Handvoll kleine Cocktailtomaten
1 Becher Hütten- oder Frischkäse
2 EL frisch gehackte Kräuter wie Schnittlauch, Basilikum, Kresse
Cayennepfeffer oder Chili
1 TL Wasabi-Kren
1 EL geriebener Kren (frisch gerieben oder aus dem Glas)
schwarze Oliven zum Garnieren
Salz, Pfeffer

ZUBEREITUNG

Zuerst von der Paprikaschote oben den Stielansatz rundum ausschneiden, dann der Länge nach halbieren und die verbliebenen Kerne herauslösen. Waschen und kurz abtropfen lassen. Inzwischen bei der Tomate ebenfalls den Stielansatz entfernen und die Tomate(n) in möglichst kleine Würferl schneiden. Die schönere Paprikahälfte zum Füllen beiseite legen, die andere Hälfte auch kleinwürfelig schneiden. In einer Schüssel mit den Tomatenwürfeln und Hüttenkäse vermengen. Die frisch gehackten Kräuter, Wasabi-Kren und frisch geriebenen Kren einrühren und mit Salz, Pfeffer und bei Bedarf auch noch mit Cayennepfeffer oder Chili abschmecken.
Nun die Masse großteils in die Paprikahälfte füllen und den Rest in Form eines Gupfes auf einem Teller neben der gefüllten Paprikaschote anrichten. Mit den Oliven garnieren und mit saftigem Vollkornbrot genießen.

SCHWARZWURZELSALAT MIT KRABBENFLEISCH

ZUTATEN FÜR 2 PORTIONEN

1 Glas oder Dose gekochte Schwarzwurzeln
ca. 100 g Krabbenfleisch (eingelegte Krabben oder Krabbensticks)
200 g Sauerrahm und/oder Crème fraîche
1 Schuss Zitronensaft
3–4 Jungzwiebeln
1 TL scharfer Senf
Cayennepfeffer, Currypulver
Salz

FÜR DIE GARNITUR

1 gekochtes Ei
Rohe Karottenstreifen
Dille

ZUBEREITUNG

Die Schwarzwurzeln abgießen und in mundgerechte Stücke schneiden. Die Jungzwiebeln sehr fein schneiden, unter den Sauerrahm und/oder Crème fraîche mischen und mit einem Spritzer Zitronensaft, Senf, Salz, Curry sowie Cayennepfeffer pikant abschmecken. Die Schwarzwurzeln einmengen und nochmals mit Salz abschmecken.
Den Schwarzwurzelsalat in einer Schüssel anrichten. Das Krabbenfleisch obenauf dekorativ auflegen und mit etwas Zitronensaft beträufeln.
Ein kleines Stück Karotte raspeln oder in feine Streifen schneiden. Das Ei schälen, in Spalten oder Scheiben schneiden. Nun den Salat abschließend mit Eierspalten, Karottenstreifen und gehackter Dille garnieren.
Dazu passt resches Gebäck.

SPROSSENSALAT MIT PUTENSCHINKEN

ZUTATEN FÜR 1 PORTION

1 Tasse oder 2 Handvoll frische Sprossen (Soja-, Kresse-, Rucolasprossen etc.)
50–100 g Putenschinken (oder gegarte Putenbrust) im Ganzen
2 Jungzwiebeln
2 Radieschen
1/2 Paprikaschote
1 kleines Stück Porree
2–3 Zweiglein Koriandergrün

FÜR DAS DRESSING

2 EL Erdnussöl
1 Schuss Sesamöl
1 EL Sherry- oder Reisessig (oder anderer guter Weinessig)
Sojasauce nach Bedarf
1 TL frisch geriebener Ingwer (oder 1 Msp. Ingwerpulver)
Schuss Zucker oder flüssiger Süßstoff
Zitronensaft

ZUBEREITUNG

Zunächst das Dressing vorbereiten. Dafür in einer Tasse das Erdnussöl mit Sesamöl, Essig, dem frisch geriebenen (oder sehr fein geschnittenen) Ingwer, einem Schuss Zitronensaft, wenig Zucker und etwas Sojasauce verrühren. Dann die Paprikaschote entkernen und in feine Streifen schneiden. Jungzwiebeln und Porree in feine Ringe, die Radieschen in Scheiben schneiden. Nun in einer Salatschüssel die Sprossen mit den Paprikastreifen, Radieschen, Zwiebel- sowie Porreeringen locker vermischen. Das Dressing darübergießen und durchmischen. Den Putenschinken ebenfalls in Streifen oder Würfel schneiden und auf dem Salat obenauf gruppieren. Das Koriandergrün zupfen und darüberstreuen. Nach Belieben noch mit etwas Sojasauce beträufeln.

Kollegentratsch

Wir könnten eigentlich auch im Wasserkocher Wasser kochen und damit ein paar Glasnudeln überbrühen. Die rühren wir nach dem Quellen einfach unter – das sättigt ein bisschen mehr und ich muss nicht so viel Brot dazu essen!

GURKENKALTSCHALE MIT RÄUCHERLACHS

ZUTATEN FÜR 2 PORTIONEN

50–80 g Räucherlachs
1 Salatgurke
300–400 ml Joghurt und/oder Saure Milch
1 EL gehackte Dille
1–2 Knoblauchzehen
Salz
weißer Pfeffer
Dille zum Garnieren

ZUBEREITUNG

Die Gurke gut waschen und auf einem Reibeisen reiben oder sehr fein schneiden. Salzen und einige Minuten ziehen lassen. In ein nicht zu weitmaschiges Sieb geben, ausdrücken und mit Joghurt und/oder saurer Milch vermengen. Knoblauchzehen sehr fein schneiden, zugeben und die Suppe mit Dille, Salz sowie Pfeffer abschmecken. Wenn zeitlich möglich, noch etwas kühl stellen. Den Räucherlachs in mundgerechte Streifen schneiden. Die Gurkensuppe in möglichst kalte Schalen oder Teller füllen, die Lachsstreifen dekorativ, etwa leicht eingerollt, darüber verteilen und mit Dille garniert servieren. Dazu am besten knuspriges Vollkornbrot oder Pumpernickel auftragen.

MOZZARELLA-TOMATEN-SALAT MIT RUCOLA

ZUTATEN FÜR 1 PORTION

1 große, fleischige Tomate (oder 1 Handvoll kleine Cocktailtomaten)
1 Kugel Mozzarella
1 Handvoll Rucola
gutes Olivenöl
Balsamicoessig nach Belieben
Salz, Pfeffer

ZUBEREITUNG

Die Tomate waschen, den Stielansatz entfernen und in Scheiben schneiden. Rucola waschen und abtropfen lassen. Den Mozzarella ebenfalls in Scheiben schneiden. Nun Tomaten- und Mozzarellascheiben abwechselnd auf einem Teller rosettenartig anrichten. Den gut abgetropften Rucola in der Mitte anrichten. Den Salat salzen, pfeffern, mit gutem Olivenöl beträufeln und ganz nach Belieben für einen etwas pikanteren Geschmack noch einige Tropfen Balsamicoessig darüberträufeln.
Mit frischem Gebäck servieren.

10 Standards für schnelles Kochen im Büro

Das sollte im Idealfall in Ihrer Büro- oder Teeküche vorhanden sein:

1. Besteck, ein oder zwei Suppenlöffel sowie ein großes scharfes Messer zum Brot- oder Gemüseschneiden
2. Teller und Salatschüsseln
3. Kochlöffel und Bratenwender
4. kleines Schneidbrett
5. Dosenöffner
6. Sieb zum Abtropfen
7. Kochtopf und kleine Pfanne
8. Kochplatte
9. elektrische Geräte nach Möglichkeit (Mikrowelle, Mini-Backofen und/oder Toaster für einzelne Toasts bzw. für belegte Toasts)
10. Wasserkocher

PROSCIUTTO-STICKS MIT MELONENSALAT

ZUTATEN FÜR 1 PORTION

5 Scheiben sehr dünn geschnittener Prosciutto crudo (San-Daniele-, Parma- oder anderer Rohschinken)
5 nicht zu dünne Grissini (dünne ital. Brotstangerl)
½ Honigmelone
100–150 g Ricotta (oder Cottage Cheese)
Zitronensaft
Salz, Pfeffer
Prise Chili
frische Basilikumblätter oder getrockneter Oregano

ZUBEREITUNG

Die Honigmelone schälen, die Kerne entfernen und das Fruchtfleisch in kleine Würferl schneiden. Den Ricotta kräftig mit Salz, Pfeffer und je nach gewünschter Schärfe einer mehr oder weniger ausgiebigen Prise Chili würzen. In einer Schüssel die Melonenwürfel mit Zitronensaft beträufeln und mit dem abgemachten Ricotta vermengen. Nochmals abschmecken und mit frisch gehackten Basilikumblättern oder Oregano bestreuen. Die Grissini mit je einem Blatt Rohschinken umwickeln und getrennt auftragen.

THUNFISCHSALAT AUF VOLLKORNTOAST

Für die Herdplatte im Büro

Jeder, der einmal Thunfischsalat gegessen hat, weiß sein kräftiges, mitunter intensives Aroma zu schätzen. Duftiges Weißbrot hat es da schwer, ein entsprechendes Gegengewicht zu setzen, weshalb ich am liebsten Vollkorntoasts verwende.

ZUTATEN FÜR 1–2 PORTIONEN

1 kleine Dose Thunfisch
1 Tomate
½ rote Paprikaschote
2–3 eingelegte Perlzwiebelchen (oder Frühlingszwiebeln)
1 Essiggurkerl
1 EL gehackte Petersilie
1 TL scharfer Senf
1 TL Kapern
Rotweinessig
Salz, Pfeffer
Vollkorntoasts oder Weißbrotscheiben
1 hart gekochtes Ei als Garnitur

ZUBEREITUNG

Den Thunfisch aus der Dose nehmen und auf einem Teller mit einer Gabel zerdrücken. In eine Schüssel geben. Die Tomaten in kleine Würfelchen, die Perl- oder Frühlingszwiebeln sehr fein schneiden. Die Paprikaschote entkernen und ebenso wie das Essiggurkerl in sehr kleine Würfel schneiden.
Nun alles unter den Thunfisch mengen. Das Öl aus der Dose mit dem scharfen Senf und den sehr fein geschnittenen Kapern mit einer Gabel sämig rühren. Gemeinsam mit Salz, Pfeffer, etwas Rotweinessig und Petersilie unterrühren. Das hart gekochte Ei schälen und in Spalten schneiden. Die Vollkorntoasts oder Weißbrotscheiben toasten und mit dem Thunfischsalat bestreichen. Mit Eierspalten garnieren.

VARIANTE OHNE KOCHPLATTE

Ist es Ihnen im Büro nicht möglich, das Brot zu toasten, so tragen Sie den Thunfischsalat einfach auf das ungetoastete Brot, auf knuspriges Knäckebrot oder resches Gebäck auf.

WALDORFSALAT MIT SERRANO-SCHINKEN

Foto Seite 106/107

ZUTATEN FÜR 2 PORTIONEN

50–70 g dünn geschnittener Serrano-Schinken (oder Prosciutto San Daniele bzw. anderer Rohschinken)
2–3 säuerliche Äpfel (z. B. Golden Delicious)
1/4 Knolle Sellerie (oder Selleriesalat aus dem Glas)
50–70 g Walnusshälften
Saft von 1/2 Zitrone
3 EL Jogonaise (oder magere Mayonnaise)
125 ml Sauerrahm
Salz, weißer Pfeffer
Prise Zucker

ZUBEREITUNG

Die Äpfel nach Belieben geschält oder mit der Schale vierteln, das Kerngehäuse entfernen und die Äpfel würfelig schneiden. Sellerieknolle zuputzen und ebenfalls in sehr feine Streifen schneiden. Beides rasch mit Zitronensaft beträufeln. Den Großteil der Nüsse grob hacken, einige besonders schöne Exemplare für die Garnitur zur Seite legen. Die gehackten Nüsse einrühren.
Nun für die Marinade die Jogonaise mit Salz, weißem Pfeffer, einer kleinen Prise Zucker und Sauerrahm gut verrühren. Den Salat damit marinieren und kurz im Kühlschrank ziehen lassen. Inzwischen den Serrano-Schinken kreisförmig locker auf die Teller drapieren, den Waldorfsalat in die Mitte der Teller platzieren und mit den beiseite gelegten Walnusshälften garnieren. Am besten schmeckt dazu frisches Baguette oder Fladenbrot.

Waldorfsalat mit Serrano-Schinken
Rezept Seite 105

GRIECHISCHER BAUERNSALAT

ZUTATEN FÜR 2–3 PORTIONEN

1 Salatgurke
1 große Tomate
1 Paprikaschote (grün, gelb oder rot)
1 rote Zwiebel
2 EL schwarze Oliven
1 kleines Pkt. Feta-Käse (fester Schafkäse in der Lake)
1–2 hart gekochte Eier
Oregano
3–4 EL gutes Olivenöl
2 EL Rotweinessig
Salz, Pfeffer
frisches Fladenbrot als Beilage

ZUBEREITUNG

Die Gurke nach Belieben schälen oder nur sehr gut waschen, in Streifen und dann in Würfel schneiden. Von der Paprikaschote den Stielansatz sowie die Kerne entfernen und ebenso wie die Tomate in mundgerechte Würfel schneiden. Die Zwiebel in feine Streifen oder Ringe schneiden, Oliven entkernen und halbieren.
Die Eier schälen und in Spalten schneiden.
Nun in einer Salatschüssel alle Gemüsezutaten miteinander vermengen. Mit Olivenöl, Essig, Salz und Pfeffer marinieren und nochmals durchmischen. Den Feta in kleine Würfel schneiden und über den Salat verteilen. Mit Oregano bestreuen. Die Eierspalten dekorativ rundum auflegen und leicht salzen. Mit frischem, knusprigem Fladenbrot servieren.

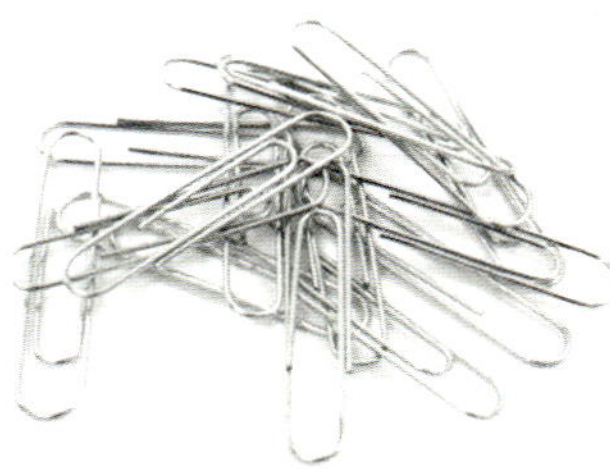

ASIATISCHE GEMÜSENUDELN

Für die Herdplatte im Büro

ZUTATEN FÜR 2 PORTIONEN

150 g chin. Nudeln nach Geschmack
300–400 g Gemüse zum Kurzbraten nach Belieben (Erbsenschoten, Erbsen, Pilze, Stangensellerie, geraspelte Karotten, Kohlrabi, Spargel – auch tiefgekühlt)
3 Frühlingszwiebeln
1 Handvoll Sojasprossen
1 kl. Stück gehackter Ingwer oder Ingwerpaste
Sojasauce
Sesamöl
3–4 EL Pflanzenöl
Salz

ZUBEREITUNG

Die Nudeln in reichlich Salzwasser nach Anleitung kochen bzw. quellen lassen, kalt abschrecken und abtropfen lassen. Frühlingszwiebeln in feine Ringe schneiden, das Gemüse nach Bedarf in Scheiben oder Streifen schneiden. In einer Pfanne das Öl erhitzen, das Gemüse nach und nach zugeben und gut durchrösten, bis alles bissfest gebraten ist. Zum Schluss die Sojasprossen und die Frühlingszwiebeln einmengen. Ingwer und einen kräftigen Schuss Sojasauce einrühren, die gekochten Nudeln untermengen und kurz erhitzen.
Bei Bedarf nochmals würzen und etwas Sesamöl darüberträufeln.

MEDITERRANER SALAT MIT SHRIMPS-EIERN

Für die Herdplatte im Büro

ZUTATEN FÜR 2 PORTIONEN

1 Paprikaschote (rot, gelb oder grün)
1 Zwiebel
1 große Tomate
4 eingelegte Melanzanischeiben aus dem Glas (oder zu Hause in Olivenöl vorgebraten)
1 EL schwarze Oliven ohne Kerne
1 TL Sardellenpaste
1 TL Kapern
3 Eier (oder 2 hart gekochte Eier für die Variante ohne Kochplatte)
2–3 EL gekochte Shrimps (Glas oder Dose)
Olivenöl
1 EL Balsamicoessig
Salz, Pfeffer
Butter zum Anbraten
frisches Basilikum (oder Petersilie) zum Garnieren

ZUBEREITUNG

Die Zwiebel in Ringe schneiden, die Paprikaschote entstielen, entkernen und ebenfalls in Ringe oder Streifen schneiden. In einer kleinen Pfanne etwas Olivenöl erhitzen und beides kurz anbraten, bis die Zwiebelringe glasig geworden sind. Melanzanischeiben nach Notwendigkeit in mundgerechte Stücke schneiden, zugeben und nur kurz einmal durchrühren. Salzen, pfeffern und vom Herd nehmen. Die Tomaten in Scheiben schneiden und in eine Salatschüssel geben. Das Melanzani-Paprika-Gemisch sowie die Oliven untermengen. Kapern mit dem Messerrücken zerdrücken und unterrühren. In einer Tasse die Sardellenpaste mit etwa 2 Esslöffeln Olivenöl anrühren, Essig zugießen, mit Salz und Pfeffer würzen und den Salat damit marinieren. Alles behutsam durchmischen. In einer kleinen Pfanne etwas Butter schmelzen lassen. Die Eier hineinschlagen, mit einer Gabel durchrühren und rasch zu einer flaumigen, nicht zu trockenen Eierspeis' braten. Salzen, pfeffern und die gut abgetropften Shrimps einrühren. Vom Herd nehmen und über den Salat verteilen. Mit frischem Basilikum bestreuen und resches Gebäck dazu reichen.

VARIANTE OHNE KOCHPLATTE

Den Salat einfach aus dem ungebratenen Gemüse zubereiten – dabei je nach Geschmack die rohe Zwiebel auch weglassen. Die hart gekochten Eier schälen, in Scheiben oder Spalten schneiden und abwechselnd mit den Shrimps den Salat damit garnieren. Mit frischen Kräutern bestreuen.

KÄSESPÄTZLE

Für die Herdplatte im Büro

Gerichte mit geschmolzenem Käse haben den Vor- oder Nachteil, je nach Sicht der Dinge, dass bereits kleine Mengen satt machen. Das merkt man allerdings meist erst ein wenig zu spät. Ich beuge dem totalen Kaloriengau vor, indem ich dazu reichlich Salat serviere.

ZUTATEN FÜR 2 PORTIONEN

1 Pkg. fertige Spätzle
1 Zwiebel
150 g geriebener Käse
Schuss Schlagobers oder Kaffeeobers
Butter
Salz, (weißer) Pfeffer
Kresse zum Bestreuen

ZUBEREITUNG

Die Zwiebel feinwürfelig schneiden.
Die Spätzle nach Anleitung in reichlich Salzwasser kurz kochen, bis sie an die Oberfläche steigen. Abseihen, kalt abschrecken und abtropfen lassen.
In einer Pfanne oder einem Topf die Zwiebel in nicht zu wenig Butter hell (nicht zu dunkel!) anschwitzen. Spätzle zugeben, einen kräftigen Schuss Schlagobers zugießen und mit Salz sowie Pfeffer abschmecken. Den geriebenen Käse einmengen, einmal gut durchrühren und noch so lange stehen lassen, bis der Käse geschmolzen ist. Anrichten, mit Kresse bestreuen und am besten mit frischem, knackigem Salat genießen.

EIERSPEISBROT MIT SCHNITTLAUCH

Für die Herdplatte im Büro

ZUTATEN FÜR 1 PORTION

1 große Schnitte Schwarzbrot (oder 2 kleine Schnitten)
2 Eier
Schuss Schlag- oder Kaffeeobers
Kernöl nach Belieben
Salz, Pfeffer
1–2 EL Butter
1 EL gehackter Schnittlauch
geröstete Kürbiskerne zum Bestreuen

ZUBEREITUNG

Die Eier in einem Glas oder in einer kleinen Schüssel kurz verschlagen. Einen Schuss Obers zugießen und mit Salz sowie Pfeffer würzen. Nach Belieben mit einem Schuss Kernöl aromatisieren. Das Schwarzbrot in einer beschichteten Pfanne ohne Fett knusprig rösten (oder im Backrohr kurz aufbähen). In Alufolie hüllen und warm halten. In einer kleinen Pfanne Butter schmelzen lassen, die Eier zugeben und unter wiederholtem Durchrühren mit einer Gabel zu einer flaumigen Eierspeis braten. Auf das knusprige Brot auftragen und mit Schnittlauch und gerösteten Kürbiskernen bestreuen.

SINGLE TOASTS AUS DEM BACKROHR

Für Backrohr/ Mikrowelle im Büro

ZUTATEN FÜR 2 PORTIONEN

6 Scheiben (Vollkorn-) Toastbrot
4 Scheiben dünn geschnittener Speck
2 nicht zu dünne Scheiben Beinschinken
ca. 150 g Mozzarella
2–3 EL Liptauer
1 hart gekochtes Ei
2 eingelegte Sardellenfilets
ca. 50 g Gorgonzola, Österzola etc.
1 Tomate
1 kleiner Apfel
frische Basilikumblätter
Oregano
Butter
Salz, Pfeffer

ZUBEREITUNG

Den Mozzarella in Würfel, die Tomate und das Ei in Scheiben schneiden. Nun 2 Toastbrote großzügig mit Liptauer bestreichen. Eierscheiben auflegen, Sardellenfilets darüber verteilen, den Speck in Streifen schneiden und so darauflegen, dass die Eier möglichst abgedeckt sind, damit sie während des Backens nicht austrocknen. Wiederum 2 Toastscheiben mit Butter bestreichen, mit Beinschinken belegen. Die Tomaten darauf platzieren, salzen, pfeffern und mit Basilikumblättern belegen. Die Hälfte des Mozzarellas darüber verteilen und mit Oregano bestreuen. Gorgonzola klein schneiden und mit den restlichen Mozzarellawürfeln vermengen. Den Apfel in Scheiben schneiden, dabei das Kerngehäuse entfernen und auf die restlichen 2 Brote drapieren. Mit den Käsewürfeln bedecken. Nun die Toasts auf ein mit Backpapier belegtes Blech legen und im Backrohr bei maximaler Oberhitze gratinieren.

VARIANTE OHNE BACKROHR

Liptauertoasts wie beschrieben belegen, aber ebenso wie alle anderen Toasts nicht überbacken. Mozzarella-Schinken-Toasts so belegen, dass die Tomaten obenauf zu liegen kommen, und mit Basilikumblättern belegen. Gorgonzolatoast wie beschrieben zubereiten und mit frisch gemahlenem Pfeffer bestreuen.

SCHINKENFLECKERL AUF EINFACHE ART

Für die Herdplatte im Büro

Meine jüngere Tochter hasst nichts so sehr wie zu viel Fett. Ihre Aversion rührt von einem Erlebnis in ihrer Kleinkindzeit, als sie irrtümlich aus einer Flasche Olivenöl pur trank. Gutes, wohlgemerkt, aber der Schock sitzt tief. Seither gibt's Fett bei ihr nur in homöopathischen Dosen – auch bei den Schinkenfleckerln, die sie selbst natürlich ganz ohne Obers kocht. Es geht also auch so!

ZUTATEN FÜR 2 PORTIONEN

150 g Fleckerl
100–150 g Schinken
100–150 ml Schlagobers
gehackte Petersilie
Muskatnuss
Salz, Pfeffer
3 EL Butter

ZUBEREITUNG

In einem Topf reichlich Salzwasser aufkochen und die Nudeln nach Anleitung 10–15 Minuten al dente kochen. Kalt abschrecken und abtropfen lassen. Inzwischen den Schinken in kleine Würfel schneiden. In einem Topf oder einer Pfanne Butter schmelzen lassen, Schinken zugeben und kurz durchschwenken. Schlagobers zugießen, einmal aufkochen, Nudeln einmengen und mit Salz, Pfeffer sowie Muskatnuss abschmecken. Gehackte Petersilie darüberstreuen.

SPINATGNOCCHI MIT SCHAFKÄSE

Für die Herdplatte im Büro

ZUTATEN FÜR 2 PORTIONEN

1 Pkg. fertige Gnocchi
1 Pkg. tiefgekühlter Blattspinat
100 g Feta (fester Schafkäse)
3 Frühlingszwiebeln
1 Knoblauchzehe
Oregano, Muskatnuss
Salz, Pfeffer
Olivenöl

ZUBEREITUNG

Den Blattspinat früh genug aus der Packung nehmen, auf einen Teller legen und bei Zimmertemperatur auftauen lassen. Die Gnocchi nach Anleitung in Salzwasser kochen, bis sie an die Oberfläche aufsteigen. Abseihen, kalt abschrecken und abtropfen lassen.
Frühlingszwiebeln und Knoblauch fein schneiden und beides in Olivenöl hell anschwitzen. Blattspinat zugeben und bei mittlerer Hitze ebenfalls anschwitzen.
Dabei eventuell noch wenig Wasser zugießen.
Feta zerbröseln und untermengen. Mit Salz, Pfeffer sowie Oregano abschmecken. Die abgetropften Gnocchi untermengen, behutsam durchrühren und bei Bedarf noch nachsalzen. Mit Muskatnuss bestreuen und servieren.

BLUTORANGEN-TIRAMISU

ZUTATEN FÜR 2 PORTIONEN

**1 Becher Masacarpone
(oder Mascarino)
2 Blutorangen
ca. 20 Biskotten
Orangensaft zum Weichen
3 EL Staubzucker
1–2 topfrische Eidotter
1 Pkt. Vanillezucker
je 1 Prise Zimt- und Nelkenpulver
gehackte Pistazien oder
geriebene Mandeln zum Garnieren
Biskotten oder Butterkekse als
Beilage**

ZUBEREITUNG

Eine Orange schälen, die weiße Haut abziehen und in Scheiben, dann in kleine Stücke schneiden. Die andere Orange auspressen.
In einer kleinen Schüssel das Eidotter mit Staubzucker (am besten mit einem Schneebesen oder einer Gabel) so lange schlagen, bis es schaumig wird. Unter den Mascarpone rühren, den ausgepressten Orangensaft zugießen und mit Vanillezucker, Zimt sowie Nelken aromatisieren. Die Orangenstückchen untermengen.
Nun die Biskotten kurz in Orangensaft tauchen und eine oder zwei passende Schüssel(n) damit auslegen, etwas Creme auftragen, nochmals mit geweichten Bis - kotten abdecken und mit Creme abschließen (oder so lange wiederholen, bis alles verbraucht ist). Wenn möglich etwas kühl ziehen lassen. Vor dem Auftragen mit gehackten Pistazien oder geriebenen Mandeln bestreuen.

HIMBEER-TOPFENCREME IM ANANASRING

ZUTATEN FÜR 2–3 PORTIONEN

150–200 g Himbeeren
1 kleine Dose eingelegte Ananasscheiben
250 g Topfen
2–3 EL Sauerrahm
geschlagenes Obers (aus der Dose) nach Belieben
1 Pkt. Vanillezucker
Zucker
1 KL geriebene Zitronenschale (auch im Päckchen erhältlich)
Zitronensaft
2 EL gehackte Pistazien

ZUBEREITUNG

Die Himbeeren verlesen und die Hälfte davon mit einer Gabel zerdrücken. Die restlichen Himbeeren mit etwas Zitronensaft beträufeln, zuckern, locker vermengen und etwas ziehen lassen.
Die zerdrückten Himbeeren mit Topfen sowie Sauerrahm verrühren. Die geriebene Zitronenschale, Vanillezucker und Zucker ganz nach Geschmack einrühren. Nach Belieben etwas geschlagenes Obers unterrühren. Nun die Ananasscheiben aus der Dose nehmen, abtropfen lassen, einige Male durchschneiden und auf einem Teller in Form eines Kreises auflegen. Himbeercreme und marinierte Himbeeren locker vermischen und in die Mitte platzieren. Mit gehackten Pistazien garnieren.

Die besten Muntermacher für den Büroalltag

1. Suchen und finden Sie einen Vorwand, um ab und zu von Ihrem Arbeitsplatz aufzustehen und ein wenig herumzugehen.
2. Wenn es ein Fenster gibt, öffnen Sie dieses und atmen Sie die frische Luft in tiefen, langsamen Atemzügen ein.
3. Versuchen Sie stehend alle Körperteile zu strecken, mit Kopf und Schultern zu kreisen. Verspannungen machen müde und lassen Sie unkonzentriert arbeiten!
4. Machen Sie im Sitzen Übungen, bei denen Sie Arme und Oberschenkel zuerst anspannen, dann wieder locker lassen.
5. Lassen Sie die von der Computerarbeit müden Augen langsam durch das Zimmer kreisen, fixieren Sie einzelne Stellen und lösen sich langsam wieder davon.
6. Wenn es gar nicht mehr geht, Arme auf den Tisch und Kopf auf die Arme legen, Augen schließen und bewusst langsam und regelmäßig atmen. Sollten Sie für wenige Augenblicke „wegkippen", berufen Sie sich auf die heilsame Wirkung des „Powernapping". Studien zufolge steigert kurzer Schlaf im Büro die Leistungskraft enorm.
7. Eine Tasse Kaffee oder Tee hilft gegen Müdigkeit. Dabei muss es nicht nur Tee sein, dessen Wirkung nachweisbar munter macht (schwarzen oder grünen Tee nur kurz ziehen lassen!). Allein der „Akt", den Sie beim Kaffee- oder Teemachen setzen, weckt neue Lebensgeister.
8. Achten Sie darauf, dass Ihr Körper genug Flüssigkeit bekommt. Egal ob in Form von Tee, Wasser oder Fruchtsaft – mindestens ein Liter sollte es pro Tag schon sein. Aber Achtung: „Perlendes" Mineralwasser kann zu Blähungen führen!
9. Schokolade macht munter, heißt es. Ist in größeren Mengen aber auch keine Lösung. Essen Sie zwischendurch frisches Obst oder Joghurt.
10. Oft sind es auch kleine mechanische Bewegungen, mit denen wir Lust am Essen verbinden und die wieder munter machen. Halten Sie auf Ihrem Arbeitsplatz ein kleines Säckchen mit Rosinen, Nüssen, Studentenfutter, aber auch Rohkostgemüse in Form von kleinen Stäbchen bereit. Ein Griff – ein Biss – und schon geht's wieder beschwingt weiter!

HAFERFLOCKEN-JOGHURT-SCHALE

ZUTATEN FÜR 1 PORTION

1–2 KL Dörrobst (getrocknete Zwetschken, Marillen, aber auch Feigen oder Rosinen)
1 Handvoll Beeren (Him-, Erd- oder Heidelbeeren)
50–80 g Haferflocken (je nach Hunger)
1 EL Sonnenblumenkerne oder grob gehackte Nüsse, Pinien- oder Kürbiskerne
2 EL Orangensaft
ca. 1/16 l Milch
½–1 Becher Naturjoghurt
Honig, Zucker oder Süßstoff

ZUBEREITUNG

Zuerst das Dörrobst fein schneiden, mit Orangensaft beträufeln und kurz ziehen lassen. Die Haferflocken in einer kleinen Schüssel mit kalter Milch übergießen und ebenfalls kurz ziehen lassen. Inzwischen Beeren waschen und verlesen bzw. putzen. Nun alle Zutaten miteinander vermengen, dabei einige Beeren als Garnitur zur Seite legen. Nach Belieben süßen und am besten nochmals kurz kühl ziehen lassen. Mit den restlichen Beeren garnieren.

= Kollegentratsch

Beeren haben ja jetzt gar keine Saison, sind teuer und schmecken nach nichts. Könnten wir nicht was anderes probieren? Ich nehm' vielleicht morgen etwas Exotisches mit, Mango oder Papaya – da wissen wir wenigstens, warum die um die halbe Welt gereist sind.

CRISPY MARILLENOBERS

ZUTATEN FÜR 1 PORTION

2 Baiserhälften (für Indianer mit Schlag) oder andere Windbäckerei
2–3 Marillen
1 EL Marillenmarmelade
1 KL Vanillezucker
Schlagobers aus der Dose

ZUBEREITUNG

Eine Baiserhälfte in kleinere Stücke zerbrechen. Die Marillen halbieren, entkernen und in Spalten schneiden. In eine Schüssel die gewünschte Menge Schlagobers spritzen, Baiserbrösel, Vanillezucker und Marillenmarmelade einmengen. Die zweite Baiserhälfte mit der Öffnung nach oben in ein kleines Schüsselchen oder auf einen kleinen Teller legen. (Anderes Baisergebäck einfach auflegen.) Die Marillencreme auftragen und mit den Marillenspalten garnieren.

OBSTSALAT MIT JOGHURTHÄUBCHEN

ZUTATEN FÜR 1 PORTION

Obst ganz nach Belieben und Saison (Banane, Orange, Erdbeeren, Kiwi, Nektarine, Apfel etc.)
$^1/_2$ kleiner Becher Frucht- oder Naturjoghurt
1 EL knusprige Müsliflocken, Kokosflocken, gehackte Pistazien oder Pinienkerne
Zitronensaft
2–3 EL Kaffeeobers
je 1 kräftige Prise Zimt, Vanille- oder Staubzucker
Schuss Rum oder Cointreau nach Belieben
Hohlhippen, Biskotten oder Butterkekse als Garnitur

ZUBEREITUNG

Das Obst nach Bedarf schälen, entkernen, putzen und in kleine mundgerechte Würferl schneiden. In eine Schüssel geben und mit reichlich Zitronensaft beträufeln. Das Kaffeeobers kräftig mit Zimt und Vanillezucker aromatisieren. Unter das Obst rühren und den Salat etwa 10 Minuten kühl ziehen lassen. Nach Belieben mit einem Schuss Cointreau oder Rum verfeinern. Mit einem Esslöffel das Joghurt obenauf anrichten (Naturjoghurt nach Belieben davor noch etwas mit Zucker und Zimt abschmecken). Mit knusprigen Müsliflocken, Kokosflocken, gehackten Pistazien oder Pinienkernen bestreuen. Mit Hohlhippen, Biskotten oder Butterkeksen garnieren.

3. ENDLICH ZU HAUSE

Schnelle Rezepte für den Wochenalltag

Zucchinicremesuppe
mit Prosciutto-Crostini
Rezept Seite 130

Ranking für Schnellgerichte beim Nachhausekommen

Eier auf Pole Position. Eiergerichte sind in Sachen Schnelligkeit kaum zu übertrumpfen. Zwei, drei Eier verschlagen, pikant würzen und mit Speck, Schinken, gekochten Erdäpfeln, klein geschnittenem Gemüse oder geriebenem Käse in wenig geschmolzener Butter braten – voilà! Für eine zünftige **Eierspeis'** rühren Sie mit der Gabel etwas um, für eine **Palatschinke** stocken lassen, dann erst wenden und für einen holländischen **Pannekoeken** die Palatschinke ganz langsam zugedeckt nur auf einer Seite braten.

Schnelle Pfanne, Wok, Geschnetzeltes oder Kurzgebratenes auf Platz Zwei.
Wie immer man das Gericht schlussendlich auch nennen mag – kurz gebratenes Gemüse und/oder Fleisch, verfeinert mit pikanten Würzsaucen à la Worcestershiresauce oder Sojasauce, frischen Kräutern und edlen Gewürzen, ist rund um den Erdball ein Dauerbrenner, wenn es um schnelles Essen geht. Frisches Brot, gekochter Reis oder rasch erwärmtes Fladenbrot übernehmen dabei gerne Statistenrollen.

Heiße Toasts und überbackene Brote ex aequo mit schnellen Nudelgerichten auf Platz Drei. Mit saftigem Schinken belegt, mit geriebenem Käse bestreut, mit Gemüse garniert – überbackene Brote sind ebenso wie rasch zubereitete Nudeln (siehe Kasten S. 142) in einer knappen Viertelstunde auf dem Tisch.

Aus 1 mach 2

EIERSALAT AUF ZWEIERLEI ARTEN

ZUTATEN FÜR 4 PORTIONEN

8 hart gekochte Eier
4 Frühlingszwiebeln
4 Essiggurkerl
150 g Mayonnaise
100 g Sauerrahm
100 g Naturjoghurt
Schuss Essig oder Gurkerlessig
Prise Zucker
Salz, Pfeffer

FÜR ZU HAUSE

3 EL Ananasstückchen
Currypulver

FÜR DAS BÜRO

1 Apfel
Schnittlauch zum Bestreuen

ZUBEREITUNG

Die gekochten Eier schälen und kleinwürfelig schneiden. Frühlingszwiebeln sehr fein, Essiggkurkerl kleinwürfelig schneiden. In einer Schüssel die Mayonnaise mit Rahm und Joghurt verrühren. Einen Schuss Essig oder Gurkerlwasser zugießen und mit einer kleinen Prise Zucker, Salz sowie Pfeffer würzen. Nun Eier, Gurkerl und Frühlingszwiebeln untermengen. Behutsam durchrühren.

FINALE FÜR ZU HAUSE

Currypulver in einer beschichteten Pfanne ohne Fett kurz anrösten, bis sein Aroma voll entfaltet ist, dabei aber nicht zu dunkel werden lassen. In jenen Teil des Salates, der zu Hause gegessen wird, einrühren. Ananasstückchen zugeben und nochmals abschmecken. In kleinen Schüssel anrichten und vor dem Servieren mit Currypulver bestreuen.

FINALE FÜR DAS BÜRO

Eiersalat in eine Frischhaltebox füllen und kühl stellen. Apfel erst im Büro feinwürfelig, den Schnittlauch fein schneiden und unter den Salat rühren.
Dazu knuspriges Gebäck reichen.

Aus 1
mach 2

AVOCADO-MANGO-SALAT

ZUTATEN FÜR 1–2 PORTIONEN

1 Avocado
1 reife Mango
Zitronensaft
Sesamöl oder sehr gutes Olivenöl
Sesamkörner
Koriandergrün oder Petersilie
Chili- oder Tabascosauce
Salz, Pfeffer

ZUBEREITUNG

Die Mango halbieren, den Kern auslösen und das Fruchtfleisch in kleine Würfel schneiden. In eine Schüssel geben. Die Avocado ebenso auslösen, würfelig schneiden und rasch großzügig mit Zitronensaft beträufeln, damit sich das Fruchtfleisch nicht verfärbt. Unter die Mango mengen. Mit Salz, Pfeffer und gehacktem Koriandergrün aromatisieren. Einen Schuss Sesam- oder Olivenöl einrühren und mit einem Spritzer scharfer Chili- oder Tabascosauce verfeinern.

FINALE FÜR ZU HAUSE

In kleinen Schüsseln anrichten und mit Sesamkörnern bestreuen.

FINALE FÜR DAS BÜRO

Fertigen Salat mit Sesamkörnern bestreuen und in eine Frischhaltebox füllen. Die Avocadowürfel können sich durch die Lagerung etwas verfärben, was auf den Geschmack allerdings keinen Einfluss hat. Optisch besser sieht der Salat freilich aus, wenn Sie die Avocado erst kurz vor dem Weggehen in den Salat einmengen.

Aus 1 mach 2

TOMATEN-GURKEN-SALAT MIT GEBRATENEM HALLOUMI

ZUTATEN FÜR 2 PORTIONEN

1 Pkg. Halloumi
(türk./griech. würziger halbfester Käse aus der Lake)
250 g Cocktailtomaten
1 kl. Salatgurke
1 rote Zwiebel
½ Bund Petersilie oder Koriandergrün
Balsamicoessig
Oliven- oder Rapsöl
Salz, Pfeffer

ZUBEREITUNG

Die Tomaten halbieren oder vierteln, die Gurke gut waschen, nach Belieben schälen und kleinwürfelig schneiden. Die Zwiebel sehr fein schneiden, Petersilie grob schneiden. Halloumi in kleine mundgerechte Würfel oder Scheiben schneiden.
In einer Pfanne etwas Oliven- oder Rapsöl erhitzen und die Käsewürfel darin rundum anbraten, bis sie leicht gebräunt sind. Vom Herd nehmen. In einer großen Schüssel die Tomaten mit den Gurken- und Zwiebelwürfeln vermengen. Salzen, pfeffern und mit Essig sowie etwas Olivenöl abmachen. Halloumi unterrühren und nochmals abschmecken.

FINALE FÜR ZU HAUSE

Einen Teil der gehackten Petersilie einrühren, Salat in Schüsseln anrichten und mit der restlichen Petersilie bestreuen.

FINALE FÜR DAS BÜRO

Petersilie zur Gänze einrühren und den Salat kühl lagern. Im Büro nochmals durchrühren und bei Bedarf abschmecken.

ZUCCHINICREMESUPPE MIT PROSCIUTTO-CROSTINI

Foto Seite 124/125

Ich liebe diese Suppe, weil sie nicht nur gesund, sondern auch so rasch zubereitet ist. Wenn ich die Suppe für Gäste koche, brate ich eine Handvoll Garnelen mit zwei gehackten Knoblauchzehen in etwas Butter und serviere diese als feine Einlage.

ZUTATEN FÜR 2 PORTIONEN

1 große Zucchini
ca. 500 ml klare Gemüsesuppe
4 kleine Scheiben Weißbrot
2 EL Prosciuttowürfel (Rohschinken oder Schinkenspeck)
2–3 EL Sauerrahm
1 KL (Vollkorn-)Mehl
Muskatnuss
Salz, Pfeffer
Olivenöl
Kresse oder Thymian zum Bestreuen

ZUBEREITUNG

Die Zucchini gut waschen, in kleine Stücke schneiden und in der Gemüsesuppe weich kochen. Pürieren oder aufmixen und wieder erhitzen. Sauerrahm mit Mehl glattrühren, in die Suppe einmengen und unter kräftigem Rühren (es sollten sich keine Klümpchen bilden) sämig einkochen lassen. Bei Bedarf noch etwas Suppe nachgießen. Mit Salz, Pfeffer und einer Prise Muskatnuss abschmecken. Inzwischen die Brötchen mit etwas Olivenöl beträufeln und in einer Pfanne knusprig rösten. Herausheben.
Die Prosciuttowürfel kurz ebenfalls anrösten, aber nicht zu lange in der Pfanne lassen.
Auf die Crostini verteilen. Die heiße Suppe anrichten, mit frischer Kresse oder Thymian bestreuen und die Crostini dazu servieren.

EINFACHE HÜHNERSUPPE MIT FADENNUDELN

Wenn ich für die Zubereitung der Hühnersuppe mehr Zeit zur Verfügung habe, dann koche ich selbstverständlich keine Haxerln, sondern jede Menge Hühnerrücken, Hälse, Flügerl, Mägen, Herzen – und ganz zum Schluss auch Hühnerleber in der Suppe. Das mühsame Auslösen des Fleisches zwischen all den feinen Knöchelchen und Knorpeln erfordert allerdings seine Zeit, wird aber durch ein wirklich g'schmackiges Süppchen belohnt.

ZUTATEN FÜR 4 PORTIONEN

2 Hendlhaxerln mit Ober- und Unterkeule
Fadennudeln nach Belieben (ca. 2 Handvoll)
1 Bund Suppengrün
3 Zweige Petersilie
2–3 Würfel Hühnersuppe
Salz, Pfeffer

= Kollegentratsch

Wenn du von deiner Hühnersuppe so schwärmst, dann bring' sie doch einmal mit. Wir können sie in der Mikrowelle aufwärmen und kommen so zu einem feinen warmen Mittagessen!

ZUBEREITUNG

Die Hendlhaxerln waschen, in Ober- und Unterkeulen trennen und in gut einem Liter Wasser aufstellen. Die Petersilblätter zupfen und beiseite legen. Die Petersilstängel gemeinsam mit dem Suppengrün in die Suppe geben, salzen und aufkochen lassen. Deckel aufsetzen und 30–40 Minuten bei kleiner bis mittlerer Hitze köcheln lassen, bis das Fleisch weich ist. Dann die Hühnerhaxerln herausheben.
Nun Suppenwürfel zugeben, die Fadennudeln einmengen und die Suppe noch so lange kochen, bis die Suppennudeln weich gekocht sind.
Inzwischen das Fleisch von den Knochen lösen. In mundgerechte kleine Stücke schneiden und wieder in die Suppe geben. Mit Salz und Pfeffer würzig abschmecken. Die Petersilie fein hacken. Die heiße Suppe in vorgewärmten Tassen oder Tellern anrichten und vor dem Servieren mit gehackter Petersilie bestreuen.

Chorizo-Wrap
Räucherfisch-Wrap
Schinkenrollen-Wrap
Rezepte Seite 134/135

Aus 1 mach 2, 3 …

SCHINKENROLLEN-WRAP

Foto Seite 132/133

ZUTATEN FÜR 2 WRAPS

2 fertige Tortillas
4 stärkere Schinkenblätter
80 g Gervais
80 g Topfen
1 EL Kren (frisch gerieben oder aus dem Glas)
1 EL frisch gehackter Schnittlauch
Zitronensaft
Salz, Pfeffer
2 EL Butter

ZUBEREITUNG

Topfen, Gervais und Kren vermengen und mit Salz, Pfeffer sowie einem Spritzer Zitronensaft abschmecken.
In einer Pfanne Butter schmelzen lassen und die Schinkenblätter darin kurz anbraten. Vom Herd nehmen. Zwei Schinkenblätter auflegen, mit etwas Schnittlauch bestreuen und etwas Krencreme auftragen. Zweites Schinkenblatt jeweils darauflegen, wieder mit Schnittlauch bestreuen und mit Creme bestreichen. Zu je einer Rolle einrollen.
Inzwischen die Tortillas erwärmen. Die Schinkenrollen daraufsetzen und in die Tortillas einrollen.

Aus 1 mach 2, 3 …

Bereiten Sie gleich etwas mehr an Füllmasse zu und genießen Sie diese am nächsten Tag:

1. **Krenaufstrich**:
   Die Topfenmasse noch mit fein gehackten Kräutern nach Belieben verfeinern und auf frisches, knuspriges Gebäck aufstreichen.
2. **Schinkenrolle klassisch**:
   Die Masse ganz nach Geschmack noch mit gehackter Kresse abschmecken. Schinkenblätter auflegen, bestreichen und wieder zusammenrollen. Mit Eierscheiben, Gurkerln etc. garniert auftragen.
3. **Gemüsesticks mit Krendip**:
   Rohes Gemüse (Karotten, Kohlrabi etc.) in längliche Stifte schneiden, den Krenaufstrich eventuell noch mit wenig Sauerrahm und Zitronensaft etwas flüssiger anrühren und die Sticks darin eintauchen.

CHORIZO-WRAP

ZUTATEN FÜR 2 WRAPS

2 fertige Tortillas
1 Chorizo
(scharfe Paprikawurst)
4 Salatblätter
2 EL Maiskörner aus der Dose
1 EL gehackte frische Tomaten
1 EL Tomatenmark
1 gehackte Knoblauchzehe
Chiliöl
Salz, Pfeffer
Olivenöl

ZUBEREITUNG

Die Chorizo nach Belieben schälen und in feine Würfel schneiden. In heißem Olivenöl anbraten, Knoblauch zugeben und Tomatenmark einrühren. Tomatenwürfel mit den Maiskörnern zugeben, salzen, pfeffern, mit etwas Chiliöl beträufeln und alles kurz einkochen lassen.
Inzwischen die Tortillas erwärmen.
Die gewaschenen Salatblätter in breite Streifen schneiden und auf die Tortillas legen. Die Wurstfülle auftragen und die Tortillas einrollen.

RÄUCHERFISCH-WRAP

ZUTATEN FÜR 2 WRAPS

2 fertige Tortillas
50–80 g geräucherter Fisch
(Heilbutt, Lachs, Makrele etc.)
3 Eier
Schuss Schlagobers (oder Kaffeeobers)
Salz, Pfeffer
1–2 EL Butter
1 EL gehackte Dille

ZUBEREITUNG

Den geräucherten Fisch in Streifen schneiden. Die Eier in eine Schüssel schlagen, mit einem Schuss Schlagobers verrühren und mit Salz sowie Pfeffer nicht zu stark würzen. In einer Pfanne Butter schmelzen, die Eier zugeben und zu einer cremigen Eierspeis' braten.
Inzwischen die Tortillas erwärmen.
Die Räucherfischstreifen darüberstreuen, die Eierspeis auftragen, mit gehackter Dille bestreuen und die Tortillas einrollen.

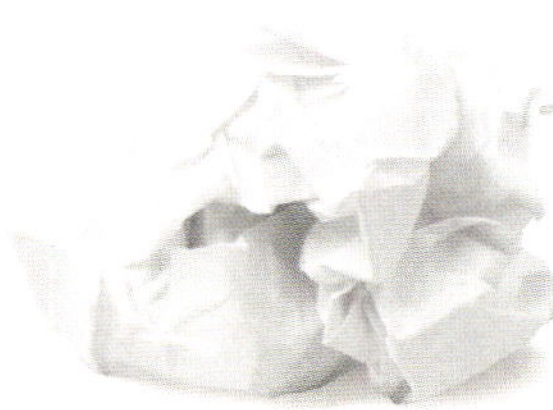

ÜBERBACKENES KÄSEBAGUETTE MIT RADIESCHENSALAT

ZUTATEN FÜR 2 MITTELGROSSE BAGUETTES

2 mittelgroße Baguettes
200 g würziger Käse (Greyerzer, Berg- oder Raclettekäse)
100 ml kräftiges Bier (Bockbier)
20 ml Sliwowitz oder Marillenschnaps
1 Msp. Chili, Muskatnuss
2 Knoblauchzehen
1 Msp. Maisstärke (Maizena)

FÜR DEN RADIESCHENSALAT

1 Bund Radieschen
2 EL Kresse
Salz, Pfeffer

ZUBEREITUNG

Den Käse würfelig schneiden. Bier in einen Topf gießen, Käse zugeben und auf ganz kleiner Flamme langsam schmelzen. Sliwowitz zugießen, mit Chili und Muskatnuss abschmecken und zu einer streichfähigen Masse verköcheln lassen. Ist die Masse zu dünnflüssig, Maisstärke mit wenig Wasser verrühren, zugeben und noch etwas sämig einkochen. Radieschen in Scheiben schneiden und gut einsalzen. Stehen lassen. Inzwischen Backrohr auf 220–250 °C vorheizen. Die Baguettes durchschneiden, Knoblauch fein hacken und auf die Baguettes verteilen. Käsemasse auftragen, Baguettes auf ein mit Backpapier belegtes Backblech legen und überbacken, bis der Käse schön geschmolzen ist. Die Radieschen durchrühren, mit Pfeffer würzen und frische Kresse darüberstreuen.

BAUERNPIZZA

Foto Seite 138

ZUTATEN FÜR 1–2 PORTIONEN

2 große Scheiben Schwarzbrot
50–80 g gekochtes Geselchtes oder Beinschinken
50–80 g Käse (Emmentaler, Gouda etc.)
2 Eier
1 Tomate
1 Schalotte (oder 1/2 kleine Zwiebel)
1/2 eingelegtes Sardellenfilet
1/2 TL Kapern
1 EL zimmerwarme Butter zum Bestreichen
Paprikapulver
Salz, Pfeffer
Butter
Schnittlauch zum Garnieren

ZUBEREITUNG

Sardellenfilet und Kapern fein hacken oder zerdrücken. Am besten auf einem Schneidbrett mit einem Messer mit der zimmerwarmen Butter vermengen. Salzen, pfeffern und die Brote auf einer Seite damit bestreichen. Brote mit der unbestrichenen Seite nach unten auf ein mit Backpapier belegtes Backblech oder in eine beschichtete Pfanne dicht nebeneinandersetzen (eventuell vorher wenig Butter in der Pfanne schmelzen lassen). Mit Geselchtem oder Schinken so belegen, dass eine Fläche entsteht. Tomate und Schalotte in Scheiben schneiden und auflegen. Salzen, pfeffern und mit Paprikapulver bestreuen. Käse würfelig schneiden und darüberstreuen.
Im heißen Backrohr bei etwa 220 °C oder zugedeckt in der Pfanne (bei kleiner Hitze) so lange backen, bis der Käse schön geschmolzen ist. Inzwischen in einer anderen Pfanne etwas Butter schmelzen, Eier vorsichtig hineinschlagen und zu 2 Spiegeleiern braten. Die fertig überbackenen Brote mit einem Bratenwender vorsichtig herausheben und auf einem Teller anrichten. Spiegeleier daraufgeben, salzen, pfeffern und mit gehacktem Schnittlauch bestreuen.

Bauernpizza
Rezept Seite 137

HALLOUMI-SPIESSCHEN

ZUTATEN FÜR 2 PORTIONEN

1 Pkg. Halloumi (türk./griech. würziger halbfester Käse aus der Lake)
1 Zucchini
4–6 kl. Frühlingszwiebeln
4–6 gedörrte Marillen (ersatzweise Cocktailtomaten)
Marillenschnaps oder Wasser zum Einweichen
einige Champignons nach Belieben
1 Msp. Chilipilver
getrockneter Oregano
Salz, Pfeffer
Olivenöl
frischer Oregano, Thymian oder Minze
marinierter Blattsalat zum Garnieren

ZUBEREITUNG

Die gedörrten Marillen in etwas Schnaps oder Wasser einweichen. Olivenöl, Chilipulver und Oregano vermengen. Halloumi in Würfel schneiden und mit dem Öl einige Minuten lang marinieren. Inzwischen die Zucchini gut waschen und in größere Würfel schneiden, Champignons bei Bedarf halbieren und beides ebenfalls mit dem Öl marinieren. Mit Salz und Pfeffer würzen. Nun die Halloumiwürfel abwechselnd mit dem Gemüse und den Marillen auf kleine Spießchen stecken. Eine Pfanne erhitzen und die Spießchen darin rundum grillen. Herausheben und auf mariniertem Blattsalat anrichten. Frisch gehackten Oregano darüberstreuen. Dazu passt knuspriges Gebäck.

GNOCCHI MIT GORGONZOLACREME

ZUTATEN FÜR 2 PORTIONEN

1 Pkg. fertige Gnocchi
150 g Gorgonzola
250 ml Schlagobers
2 Frühlingszwiebeln
1 Knoblauchzehe
150 ml trockener Weißwein
1 Eidotter
20 ml Kirschwasser oder anderer klarer Schnaps
Muskatnuss
Salz, Pfeffer
Butter
grob gehackte Walnüsse als Garnitur

ZUBEREITUNG

Einen großen Topf mit Salzwasser aufstellen, aufkochen und die Gnocchi nach Anleitung kochen. Abseihen und abgedeckt warm halten. Inzwischen die Frühlingszwiebeln fein schneiden und in einem Topf in Butter langsam hell anschwitzen. Knoblauch ebenfalls fein schneiden, zugeben, kurz durchrühren und mit Weißwein aufgießen. Ziemlich einkochen lassen. Dann Schlagobers zugießen. Den Gorgonzola in kleinere Stückchen schneiden oder brechen und einmengen. Unter wiederholtem Umrühren bei sehr kleiner Hitze schmelzen lassen.
Nun das Kirschwasser einrühren, mit Salz, Pfeffer und Muskatnuss abschmecken. Den Topf vom Herd nehmen und das Eidotter einrühren. Die gut abgetropften Gnocchi unter die Gorgonzolacreme rühren. In vorgewärmten Tellern anrichten und mit den grob gehackten Walnüssen bestreuen.

TAGLIATELLE MIT STEINPILZEN

Bei manchen meiner Tischgenossen stoße ich mit Oberssaucen keineswegs auf Anklang. In solchen Fällen verzichte ich einfach auf das Obers, koche die Sauce dafür mit etwas mehr Suppe auf und binde sie mit etwas eiskalt eingerührter Butter. Dafür gibt's noch extra gebratene Pilze obenauf als Krönung!

ZUTATEN FÜR 2 PORTIONEN

250 g Tagliatelle
(Bandnudeln, Spaghetti etc.)
150 g Steinpilze
(Eierschwammerl, Champignons etc. oder eingeweichte getrocknete Pilze)
2–3 Frühlingszwiebeln
1 Knoblauchzehe
150 ml klare Gemüse- oder Rindsuppe
150 ml Schlagobers oder Crème fraîche
Salz, Pfeffer
Butter und Olivenöl
gehackte Petersilie oder Kresse

ZUBEREITUNG

Für die Pilzsauce Frühlingszwiebeln und Knoblauch fein schneiden. Pilze putzen und klein schneiden, eingeweichte Pilze abseihen und das Einweichwasser aufbewahren. In einem Topf die Frühlingszwiebeln in etwas Butter und Olivenöl hell anschwitzen. Knoblauch zugeben, dann Pilze hinzufügen und bei mäßiger Hitze so lange braten, bis die Flüssigkeit verdunstet ist. Nun Gemüsesuppe sowie Schlagobers zugießen und die Sauce schön mollig einkochen lassen. (Bei getrockneten Pilzen auch das Einweichwasser zugießen.) Mit Salz und Pfeffer abschmecken.

Parallel dazu in einem großen Topf reichlich Salzwasser aufkochen und die Tagliatelle nach Anleitung al dente kochen. Abseihen und abtropfen lassen. Die Nudeln in vorgewärmten tiefen Tellern anrichten, mit der Steinpilzsauce übergießen und mit gehackter Petersilie oder Kresse bestreuen.

Die besten Tipps für Nudel-Schnellgerichte

1. Bereiten Sie alle benötigten Zutaten vor, ehe Sie die Nudeln ins kochende Salzwasser geben. So kann das Sugo oder Pesto bereits schmurgeln, während die Nudeln noch kochen.
2. Fertig gekauftes Sugo oder Pesto lässt sich sehr einfach verfeinern und verkürzt die Kochzeit ungemein! Angebratene Würfel von Speck, Schinken oder Gemüse zugeben, frische Kräuter wie Oregano, Thymian, Estragon, Basilikum etc. einrühren und frisch geriebenen Parmesan darüberstreuen – und fertig ist die feine Pasta!
3. Verzichten Sie zur Abwechslung einmal auf Sugo & Co. und vermengen Sie die Nudeln einfach mit in reichlich Olivenöl frisch angebratenem Knoblauch oder mit in Butter leicht geschwenkten Schinkenwürfeln bzw. Bratenresten. Auch in Butter oder Olivenöl angeschwitztes Gemüse eignet sich hervorragend als Sparringspartner für gekochte Fleckerl, Spiralen etc.
4. Verwenden Sie dafür allerdings nur Gemüsesorten mit kurzer Garzeit, also Zucchini, Tomaten, Lauch, Erbsen, Erbsenschoten, geraspelte Karotten, grünen Spargel oder vorgekochtes Gemüse wie Maiskörner, Bohnen, Linsen etc.
5. So Sie kein Freund cross gebratener Nudelgerichte sind, machen Sie die Nudeln mit etwas zugegossener klarer Suppe, Tomatensauce, Schlagobers, Crème fraîche oder verschlagenen Eiern sämiger.

Aus 1 mach 2

GEMÜSE-GARNELEN-WOK

Foto Seite 145

So umfangreich sich die Zutatenlisten für Wok-Gerichte meist geben, so einfach ist die Zubereitung. Sobald einmal alles kleingeschnippelt ist, kocht sich der Wok quasi von alleine. Daher steht Wok bei mir mindestens einmal in der Woche auf dem Speiseplan. Nicht nur aus Bequemheit, auch weil er so viel Gesundes enthält.

ZUTATEN FÜR 4 PORTIONEN

250–300 g chin. Nudeln nach Belieben (Glas-, Mie-, Ramen- oder Reisnudeln)
250 g Garnelen
250 g Faschiertes
100 g Schinken im Ganzen
100 g Sojasprossen
1 Paprikaschote
1/2 Bund Frühlingszwiebeln
2 EL eingeweichte chin. Pilze
1 kl. Karotte
1 kl. Stück Stangensellerie
1 Handvoll zarte Erbsenschoten
1 Handvoll Bärlauchblätter (ersatzweise Blattspinat)
1 nussgroßes Stück Ingwer
2 EL geröstete Cashew- oder Erdnüsse
Chili oder Sichuanpfeffer
3–4 EL Erdnuss- oder Pflanzenöl
4–5 EL Sojasauce
Schuss Reisessig (oder Sherry)
1 TL Sesamöl
frisch gehackter Koriander oder Frühlingszwiebeln

GARNITUR FÜR DAS BÜRO

frisches Gemüse (Paprikaschote, Gurke, Radieschen etc.)

ZUBEREITUNG

Die Nudeln nach Anleitung kochen oder einweichen und abtropfen lassen. Gemüse putzen, Karotte und Sellerie in feine Streifen schneiden, Zwiebeln und Ingwer sehr fein hacken. Paprikaschote und Schinken in Streifen schneiden. Bärlauchblätter einmal durchschneiden. In einem Wok (oder einer anderen großen Pfanne) nicht zu wenig Erdnussöl erhitzen. Frühlingszwiebeln, Karotte und Sellerie zugeben und durchrösten. Mit Reisessig ablöschen. Dann nacheinander Faschiertes, Ingwer, Paprika, Schinken und Pilze einmengen. Mit einer kräftigen Prise Chili würzen und etwas Sojasauce zugießen. Nun die Garnelen, Nudeln, Sojasprossen sowie Erbsenschoten einrühren und alles kurz garen, bis die Garnelen durch, aber noch saftig sind. Bärlauchblätter zugeben, nochmals einen Schuss Sojasauce sowie Sesamöl unterrühren. Nüsse einmengen und alles abschließend abschmecken.

FINALE FÜR ZU HAUSE

Mit frisch gehacktem Koriander bestreuen und servieren.

FINALE FÜR DAS BÜRO

Den restlichen Wok auskühlen lassen, in eine Frischhaltebox füllen und im Büro mit frisch geschnittenem, knackigem Gemüse vermengen. Nach Belieben mit frisch gehacktem Koriander bestreuen.

Aus 1 mach 2

GRATINIERTER VOLLKORNNUDEL-AUFLAUF

Wenn ich diesen unkomplizierten Auflauf für meine vegetarischen Freunde zubereite, so ersetze ich das Faschierte einfach durch frisches Gemüse wie Zucchini, Champignons, Erbsen oder Okraschoten.

ZUTATEN FÜR 4–5 PORTIONEN

400 g Vollkornnudeln (Spiralennudeln, Penne, Fleckerl etc.)
400 g Faschiertes
100 g durchzogener Speck
2 Dosen geschälte Tomaten
1 Zwiebel
4 El geriebener Parmesan
1 Kugel Mozzarella
Tabascosauce
Oregano, Salz, Pfeffer
Olivenöl
3–4 EL Semmelbrösel

ZUBEREITUNG

Nudeln in reichlich Salzwasser nach Anleitung al dente kochen. Abseihen, kalt abschrecken und abtropfen lassen. Währenddessen Speck in Würfel, die Zwiebel fein schneiden. Die Tomaten grobwürfelig schneiden. Backrohr auf 200 °C vorheizen. Die Speckwürfel gemeinsam mit den Zwiebeln in Olivenöl hell anschwitzen. Faschiertes zugeben und mit dem Kochlöffel möglichst klein zerteilen, sodass keine Klümpchen mehr vorhanden sind. Tomaten einmengen, salzen, pfeffern und Oregano sowie einen Schuss Tobascosauce zugeben. Zugedeckt einige Minuten köcheln lassen. Nochmals würzig abschmecken. Mit den Vollkornnudeln vermengen.
Eine Auflaufform mit Olivenöl ausstreichen. Die Hälfte der Masse einfüllen, großzügig mit frisch geriebenem Parmesan bestreuen und die restliche Nudelmasse darauf verteilen. Semmelbrösel über den Auflauf streuen und mit etwas Olivenöl beträufeln.
Mozzarella in Scheiben schneiden und auf den Auflauf legen. Etwas Olivenöl rund um den Auflauf (zwischen Form und Masse) gießen. Im heißen Rohr ca. 15 Minuten überbacken.

FINALE FÜR ZU HAUSE

Auflauf herausheben und mit frischem Salat auftragen.

FINALE FÜR DAS BÜRO

Restlichen Auflauf auskühlen lassen. In eine Frischhaltebox füllen und kühl stellen. Im Büro nach Belieben kalt servieren oder in der Mikrowelle rasch erhitzen.

Aus 1 mach 2

SCHNELLE PAELLA

Foto Seite 148/149

ZUTATEN FÜR 4–6 PORTIONEN

400–500 g Hühnerfleisch
1–2 Sobrasadas oder andere Paprikarohwurst
500 g Muscheln in der Schale
500 g Tintenfische, Gambas (Garnelen), Fischfilet etc.
400 g Reis
150 g Erbsen (tiefgekühlt)
1 rote Paprikaschote
1 große Tomate
1 kleine Zwiebel
2–3 Knoblauchzehen
ca. 1 l klare Hühnersuppe zum Aufgießen
Zitronensaft
eingeweichte Safranfäden
Salz, Pfeffer
Olivenöl

FÜR DAS BÜRO

schwarze Oliven
½ Paprikaschote
Paprikawurst

ZUBEREITUNG

Muscheln gut waschen, geöffnete Muscheln aussortieren. Hühnerfleisch sowie Fischfilets in Würfel schneiden, salzen, pfeffern und mit etwas Zitronensaft beträufeln. In einer großen Pfanne reichlich Olivenöl erhitzen und nacheinander Hühner-, Fischfleisch, Tintenfische sowie Gambas braten und jeweils wieder herausheben. Warm halten. Zwiebel feinwürfelig, Paprikawurst in Scheiben und Paprikaschote in Würfel schneiden. Knoblauch fein hacken. Etwas frisches Olivenöl in die Pfanne geben, Zwiebel hell anschwitzen, Knoblauch und Paprikawurst zugeben und ebenfalls gut anrösten. Die Tomate auf einem Reibeisen direkt hineinreiben. Paprikaschote sowie Erbsen zugeben und alles aufkochen. Salzen, pfeffern und die eingeweichten Safranfäden zugeben. Reis einrühren, mit Suppe aufgießen und bei mittlerer Hitze etwa 20–25 Minuten garen. Dann Hühnerfleisch locker unterheben, nach einigen Minuten die restlichen Fischwürfel, Tintenfische, Muscheln und Gambas einmengen. (Bei Bedarf noch etwas Suppe zugießen.) Mit einem Deckel oder Alufolie abdecken und fertig garen, bis sich die Muscheln geöffnet haben.

FINALE FÜR ZU HAUSE

Paella in der Pfanne auftragen (und genügend für die Büromahlzeit übrig lassen).

FINALE FÜR DAS BÜRO

Übrig gebliebene Paella auskühlen lassen. Muscheln und Gambas auslösen, unter den Reis mischen und in Frischhaltedosen füllen. Im Büro mit frischem Paprika, schwarzen Oliven und Wurstscheiben „aufpeppen".

Schnelle Paella
Rezept Seite 147

Aus 1 mach 2

SPAGHETTI FRUTTI DI MARE MIT GRAPPASAUCE

Richtige Urlaubsstimmung macht sich breit, wenn ich meine Gäste dazu ermuntere, Muscheln und Scampi einfach mit den Fingern zu essen. Dabei darf jedoch die Schüssel mit dem Zitronenwasser auf dem Tisch nicht fehlen. Das ist Italianità pur!

ZUTATEN FÜR 4 PORTIONEN

400–500 g Spaghetti
1–1,5 kg Mies-, Venus-, Messer - muscheln, Scampi etc. alles in der Schale
1/2 Bund Frühlingszwiebeln
1/2 Fenchelknolle
2 gehackte Knoblauchzehen
1 kleine Chilischote
1 Glas (40 ml) Grappa
300 ml trockener, aber kräftiger Weißwein (Pinot Grigio)
ca. 150 ml klare Gemüsesuppe zum Aufgießen
1 EL Crème fraîche oder Schlagobers nach Belieben
Salz, Pfeffer aus der Mühle
gutes Olivenöl
frischer Thymian zum Bestreuen

FÜR DAS BÜRO

Paprika- und Tomatenwürferl
Schuss Zitronensaft

ZUBEREITUNG

Die Muscheln gut waschen, geöffnete Muscheln aussortieren. Fenchel in kleine Würfel, die Frühlingszwiebeln sowie Chilischote in feine Ringe schneiden und alles in einem großen Topf in nicht zu wenig Olivenöl hell anschwitzen. Knoblauch zugeben, mit Grappa ablöschen und einkochen lassen. Wein sowie etwas Suppe zugießen und abermals aufkochen.
Muscheln sowie Scampi einmengen.
Salzen, pfeffern und zugedeckt einige Minuten garen, bis sich die Muscheln geöffnet haben und die Scampi gegart sind.
Parallel dazu die Spaghetti nach Anleitung in reichlich Salzwasser al dente kochen.
Abseihen, abtropfen lassen und wenig Olivenöl unterrühren. Spaghetti anrichten und jeweils ein Viertel der Meeresfrüchte darauf möglichst dekorativ anrichten.
Die Grappasauce nach Belieben noch mit Crème fraîche oder Schlagobers aufkochen und abschließend abschmecken. Über die Spaghetti gießen und locker unter die Nudeln mischen.

FINALE FÜR ZU HAUSE

Spaghetti mit frisch gehacktem Thymian bestreuen und servieren.

FINALE FÜR DAS BÜRO

Die restlichen Nudeln einfach auskühlen lassen. Dann Muscheln sowie Scampi auslösen und unter die Nudeln mischen. Am nächsten Tag mit frischen Paprika- und Tomatenwürfeln verfeinern und nochmals mit Olivenöl und etwas Zitronensaft abrunden. Mit Thymian bestreuen.

Die schnellsten Pastagerichte

1. **Aglio e olio**: Knoblauch in reichlich Olivenöl anschwitzen, mit Chili, Salz und Pfeffer würzen. Gekochte Nudeln untermengen.
2. **All'amatriciana**: Speck in reichlich Olivenöl anbraten und mit Tomaten, Peperoncini sowie geriebenem Pecorino und einem Schuss Weißwein köcheln lassen. Mit gekochter Pasta vermengen.
3. **All'arrabbiata**: Zwiebeln mit viel Peperoncini anbraten, Knoblauch, Tomaten und nach Belieben auch fetten Speck zugeben und köcheln lassen. Auf den gegarten Nudeln anrichten.
4. **Ai 4 formaggi**: eine sämige Sauce aus vier verschiedenen Käsesorten mit etwas Schlagobers verfeinern und unter die Pasta rühren.
5. **Alla bolognese**: Faschiertes in Olivenöl anbraten, pikant würzen (evt. Fertigsugo) und mit Tomaten köcheln lassen. Mit den gekochten Nudeln vermischen.
6. **Al burro**: Butter erhitzen, gekochte Pasta zugeben und pikant würzen.
7. **Alla carbonara**: Speckwürfel in Olivenöl anbraten, mit Schlagobers sämig einkochen und ein Ei einrühren. Pasta einmengen.
8. **Con gamberi**: Garnelen in Olivenöl anbraten, würzen und unter die Nudeln mengen.
9. **Alla puttanesca**: Sardellenfilets klein schneiden, in Olivenöl anbraten, mit Oliven, Kapern sowie Knoblauch pikant würzen und der gekochten Pasta untermengen.
10. **Alla crema**: Zwiebeln anschwitzen, mit reichlich Schlagobers aufgießen, würzen und in die Nudeln einrühren.

Aus 1 mach 2, 3 ...

GEBRATENE FISCHLAIBCHEN MIT POMMES FRITES

ZUTATEN FÜR 2–3 PORTIONEN

400 g grätenfreies Fischfilet (Kabeljau etc.)
3–4 EL Haferflocken
ca. 100 ml Milch
1 Ei
1 TL Wasabikren
Semmelbrösel nach Bedarf
Zitronensaft
Estragon oder Dille
Salz, Pfeffer
Butter und Pflanzenöl

FÜR DIE POMMES FRITES

500 g Erdäpfel
Pflanzenöl
Salz

FÜR DAS BÜRO

Cocktail- oder Currysauce
Salatblätter, Tomatenscheiben etc.
Frisches Gebäck

ZUBEREITUNG

Fischfilet sorgfältig auf Gräten überprüfen und (am besten mit dem Wiegemesser) sehr fein schneiden oder faschieren. Haferflocken ebenfalls fein hacken und in etwas Butter anschwitzen. Milch zugießen und unter ständigem Rühren ziemlich dick einkochen lassen. Vom Herd nehmen und abkühlen lassen. Unter den Fisch mengen, Ei zugeben und mit Wasabikren, Zitronensaft, Salz, Pfeffer sowie Dille oder Estragon würzen. Mit Semmelbröseln zu einer kompakten Masse binden. Mit befeuchteten Händen daraus kleine Laibchen formen und auf beiden Seiten mit Bröseln bestreuen.
Für die Pommes frites Erdäpfel schälen und in schmale Stifte schneiden. In einer großen Pfanne reichlich Öl erhitzen und die Erdäpfel darin (eventuell in zwei Tranchen) rundum goldgelb frittieren. Parallel dazu die Fischlaibchen ebenfalls in etwas heißem Fett langsam auf beiden Seiten goldbraun braten. Die fertigen Pommes frites herausheben, auf Küchenkrepp abtropfen lassen und vor dem Servieren salzen. Mit den Fischlaibchen anrichten. Dazu passt in Butter geschwenktes Gemüse wie Erbsen, Karotten, Erbsenschoten, Kohlsprossen etc.

FINALE FÜR DAS BÜRO

Fischlaibchen auskühlen lassen und im Büro mit Salat, Tomaten, Sauce nach Belieben und frischem Gebäck genießen.

Aus 1 mach 2, 3 ...

Wenn Sie gleich etwas mehr Fischfarce zubereiten, so können Sie die Masse auf unterschiedlichste Weise weiter verwenden. (Die gebratenen Laibchen können auch tiefgekühlt werden.)

1. Für **Fischburger** toasten Sie halbierte Burgerlaibchen oder Semmeln kurz an und belegen diese mit frischem Gemüse nach Wahl (Gurken, Tomaten, Blattsalat). Die gebratenen Fischlaibchen darauf platzieren, nach Belieben mit Cocktailsauce, Kräuterrahm oder Joghurtsauce bestreichen und zusammenklappen.
2. Formen Sie aus der Masse kleine **Fischkroketten** und braten Sie diese in heißem Fett goldgelb aus. Als Fingerfood heiß oder kalt (am nächsten Tag) mit würzigen Dip-Saucen auftragen. Besonders fein schmecken dazu ebenfalls gebratene Erdäpfelnudeln.
3. Für **Fischpofesen** bestreichen Sie Toastscheiben mit der rohen Fischmasse, klappen diese zusammen und ziehen sie wie Arme Ritter durch Milch und mit gehackter Petersilie verquirltes Ei. In heißem Fett herausbacken und mit grünem Salat servieren.
4. Für **Fischpalatschinken** tragen Sie die Masse auf Palatschinken auf und klappen diese zweimal zusammen. In eine Auflaufform einschlichten, mit einem Guss aus Schlagobers, gehackten Kräutern und Eiern übergießen und im heißen Backrohr überbacken.

HEILBUTT IN PARMESAN-PANADE MIT NUSSERDÄPFELN

Foto Seite 156/157

ZUTATEN FÜR 2 PORTIONEN

2 Heilbuttfilets zu je ca. 180–200 g (oder Kabeljau, Waller etc.)
1 Ei
1 EL frisch geriebener Parmesan
1 EL gehackte Petersilie
Schuss Schlagobers
Wasabikren
Salz, Pfeffer
Pflanzenöl
Zitronenspalten und Petersilie als Dekor

FÜR DIE NUSSERDÄPFEL

6–8 kleine Erdäpfel (Heurige)
2 EL geriebene Nüsse
Salz, Pfeffer
1–2 EL Butter

ZUBEREITUNG

Zunächst für die Nusserdäpfel die Erdäpfel schälen und in Salzwasser ca. 15 Minuten weich kochen. Inzwischen die Fischfilets nach Belieben nochmals teilen. Salzen, pfeffern und mit etwas Wasabikren bestreichen. Kurz ziehen lassen. Das Ei mit geriebenem Parmesan, einem Schuss Schlagobers und der gehackten Petersilie verquirlen.

In einer großen Pfanne etwa 1 cm hoch Öl eingießen und erhitzen. Nun die Heilbuttfilets so durch das Ei ziehen, dass der Fisch rundum gut damit umhüllt ist. Ins heiße Fett einlegen und auf beiden Seiten goldgelb backen. Die mittlerweile weich gekochten Erdäpfel abgießen, Butter in den Topf geben und die geriebenen Nüsse einstreuen. Kurz durchrösten und die Erdäpfel zugeben. Nochmals salzen und pfeffern. Nun die Fischfilets herausheben und vorsichtig mit Küchenkrepp trockentupfen. Mit den vorbereiteten Nusserdäpfeln anrichten und mit Zitronenspalten und Petersilienzweiglein garnieren.

SCHWEINSFILETSPITZEN MIT LAUCH-ERDÄPFEL-GEMÜSE

ZUTATEN FÜR 2 PORTIONEN

300–400 g Schweinslungenbraten
Currypulver
Salz, Pfeffer
1 EL Butter und
2 EL Pflanzenöl

FÜR DAS LAUCHGEMÜSE

3–4 Stangen Lauch
6–8 kl. Erdäpfel
1–2 EL Speckwürfel
2 hart gekochte Eier
1 Glas trockener Weißwein
Rindsuppe zum Aufgießen
150 ml Schlagobers
2 EL Butter oder Rapsöl
Muskatnuss
Salz, Pfeffer

ZUBEREITUNG

Fleisch in ca. 1 cm dicke Scheiben schneiden. In eine Schüssel geben und mit Salz, Pfeffer sowie Currypulver durchmischen. Ziehen lassen. Inzwischen die geschälten Erdäpfel bei Bedarf kleiner schneiden und in Salzwasser weich kochen. Lauch in dünne Scheiben schneiden. Speck in heißer Butter oder Rapsöl langsam anrösten. Lauch zugeben und 2–3 Minuten anschwitzen. Wein zugießen, einmal kräftig aufkochen lassen und etwas Rindsuppe zugießen. Zugedeckt bei mäßiger Hitze etwa 10 Minuten köcheln lassen.
Währenddessen bei Bedarf noch Suppe zugießen – der Lauch sollte gegen Ende schön sämig und nicht zu trocken sein. Mit Salz, Pfeffer und Muskatnuss pikant abschmecken. Die gekochten Eier schälen, der Länge nach halbieren und gemeinsam mit den gekochten Erdäpfeln einlegen. Schlagobers zugießen und alles nochmals sämig einkochen.
Inzwischen in einer Pfanne Butter und Pflanzenöl erhitzen und die Filetspitzen darin auf den gewünschten Garungspunkt hin kurz (nur wenige Minuten!) braten. Eventuell nochmals würzen. Auf vorgewärmten Tellern anrichten und mit dem Lauchgemüse servieren.

Heilbutt in Parmesan-Panade
mit Nusserdäpfeln
Rezept Seite 154

Aus 1 mach 2

LAMM-KEBAB AUF GEMÜSE-BULGUR

Kebabstände sind drauf und dran, österreichischen Würstelbuden den Rang abzulaufen. Der türkische Schnellimbiss kann ja auch mit viel gesundem frischem Gemüse punkten. Den typischen Geschmack werden Sie zu Hause kaum erzielen, aber eine feine Alternative schaffen Sie allemal!

ZUTATEN FÜR 4 PORTIONEN

600–750 g Lammfleisch zum Kurzbraten (Rücken, Schulter oder Keule, ersatzweise Huhn, Truthahn, Kalb etc.)
1 Bund Frühlingszwiebeln
3 Limetten
2 Knoblauchzehen
3 EL gehackte Petersilie
Salz, Pfeffer
Olivenöl

FÜR DEN BULGUR

250 g Bulgur (oder Perlweizen)
ca. 500 ml klare Gemüsesuppe oder Wasser
1 Zwiebel
1 Zucchini
je 1 kl. rote und grüne Paprikaschote
50 g Schafkäse aus der Lake
1 KL scharfes Paprikapulver
Salz, Pfeffer
2 EL gehackte Petersilie
Olivenöl

FÜR DAS BÜRO

2 Tomaten
Petersilie

ZUBEREITUNG

Für die Marinade Frühlingszwiebeln sowie Knoblauch sehr fein schneiden, Limetten auspressen und alles mit einem kräftigen Schuss Olivenöl vermengen. Gehackte Petersilie einrühren. Das Fleisch gut zuputzen, in Würfel schneiden, salzen, pfeffern und mit der Marinade bestreichen. Ziehen lassen.
Inzwischen für den Bulgur die Zwiebel fein hacken, Paprikaschoten entkernen und ebenso wie die Zucchini in kleine Würferl schneiden. Den Bulgur nach Anleitung so lange (ca. 10 Minuten) in Gemüsesuppe oder Wasser köcheln lassen, bis die Flüssigkeit aufgenommen worden ist.
Nun das Fleisch auf Spieße stecken und in einer Pfanne in heißem Olivenöl oder unter der Grillschlange im Backrohr rundum so braten, dass das Fleisch außen knusprig, innen aber noch zartrosa ist. Parallel dazu in einer anderen Pfanne etwas Olivenöl erhitzen und die Zwiebel-

würfel darin hell anschwitzen. Zucchini sowie Paprika zugeben und alles kräftig durchrösten. Salzen, pfeffern. Gekochten Bulgur zugeben und locker durchmischen. Nochmals abschmecken und die gehackte Petersilie einmengen. Den Schafkäse zerbröseln und darüberstreuen.

FINALE FÜR ZU HAUSE

Bulgur auf vorgewärmten Tellern anrichten und mit etwas Paprikapulver bestreuen. Gebratenen Kebab darauf platzieren und auftragen.

FINALE FÜR DAS BÜRO

Bulgur und Kebab getrennt auskühlen lassen. Fleisch von den Spießchen ziehen und jedes Stückchen noch ein- oder zweimal kleiner schneiden. Unter den Bulgur mischen und nochmals mit etwas Zitronensaft, Chilisauce etc. nachwürzen. Abgedeckt kühl ziehen lassen. Im Büro klein geschnittene Tomaten einmengen und mit frisch gehackter Petersilie bestreuen.

CHILI CON CARNE MIT TORTILLAS

Aus 1 mach 2

Für die Herdplatte im Büro

Für Backrohr/ Mikrowelle im Büro

ZUTATEN FÜR 3–4 PORTIONEN

500 g Faschiertes
1 gr. rote (oder weiße) Zwiebel
3 gr. Tomaten
je 1 grüne und rote Paprikaschote
1 Dose rote Bohnen
1 kl. Dose Mais
2 Knoblauchzehen
1 EL scharfes Paprikapulver
gehackter Chili nach Belieben
Rotweinessig
ca. 200 ml Rindsuppe
frischer Majoran oder Thymian
Tabasco- und Worcestershiresauce
Salz, Pfeffer aus der Mühle
Pflanzenöl
6–8 Tortillas als Beilage

ZUBEREITUNG

Bei den Tomaten den Stielansatz entfernen und Tomaten kleinwürfelig schneiden. Die Zwiebel fein hacken und in heißem Öl langsam anschwitzen. Knoblauch fein schneiden, zugeben, dann das Faschierte einrühren und kräftig anbraten. Chili und Paprikapulver einrühren, mit einem Schuss Essig ablöschen und die Tomaten zugeben. Nur so viel Suppe zugießen, dass sich das Faschierte nicht anlegt. Mit Majoran, Salz und Pfeffer würzen. Zugedeckt bei milder Hitze etwa 10 Minuten vor sich hinköcheln lassen. Paprikaschoten entkernen, in Streifen schneiden und mit dem Mais sowie den abgetropften Bohnen zugeben. Köcheln lassen, bis der Paprika bissfest gegart ist. Mit Tabasco- und Worcestershiresauce abschmecken.

FINALE FÜR ZU HAUSE

Inzwischen die Tortillas im Backrohr oder in einer beschichteten Pfanne ohne Fett langsam erhitzen. Chili con Carne auf vorgewärmten Tellern anrichten und mit den Tortillas servieren.

FINALE FÜR DAS BÜRO

Chili con Carne erhitzen und mit den warmen Tortillas oder frischem, knusprigen Baguette servieren.

ENTENSTREIFEN IN INGWER MARINIERT MIT MANDEL-BROKKOLI

ZUTATEN FÜR 2 PORTIONEN

1 Entenbrust (ca. 300 g)
400 g Brokkoli
1 nussgroßes Stück frischer Ingwer
3 EL Mandelstifte
Zitronensaft
Sesamöl
1 Msp. Natron
Muskatnuss
Salz, Pfeffer
Butter und Pflanzenöl

ZUBEREITUNG

Die Entenbrust in etwa 0,8–1 cm dicke Scheiben schneiden. Ingwer schälen und sehr fein schneiden oder mit dem Wiegemesser hacken. Entenstreifen in eine Schüssel geben und mit Salz sowie Pfeffer kräftig durchmischen. Ingwer darüberstreuen, einen kräftigen Schuss Sesamöl sowie einen kleinen Spritzer Zitronensaft zugießen, gut vermengen und etwa 10 Minuten ziehen lassen (je länger, desto besser).

Inzwischen den Brokkoli in Röschen teilen. In einem Topf reichlich Wasser aufstellen. Eine Prise Salz sowie etwas Natron zugeben und Brokkoli nur wenige Minuten bissfest kochen. Abseihen und warm halten. Parallel dazu in einer Pfanne etwas Öl erhitzen und die Entenstreifen bei großer Hitze zuerst sehr kräftig, aber kurz anbraten, Hitze auf ein Minimum reduzieren und noch einige Minuten ziehen lassen, bis das Fleisch schön rosa ist. In einer anderen Pfanne etwas Butter schmelzen, die Mandelstifte darin hell anrösten. Brokkoli zugeben, kräftig mit Salz, Pfeffer sowie einer Prise Muskatnuss würzen. Entenbruststreifen herausheben und nach Belieben noch rasch einige kalte Butterstücke in den Bratenrückstand einrühren. Über das Fleisch träufeln. Mit den Brokkoliröschen anrichten. Dazu passt Safranreis.

Aus 1 mach 2

TRUTHAHN-MELANZANI-TOPF MIT COUSCOUS

ZUTATEN FÜR 4 PORTIONEN

600 g Truthahnbrust
1 Melanzani
2 große Tomaten
1 große Zwiebel
1–2 EL Pinienkerne
1 EL Rosinen
1–1 ½ Tassen Couscous (ca. 300 g)
klare Hühnersuppe oder Wasser zum Aufgießen
Muskatnuss, Zimt, Kurkuma und/oder Ras-el-Hanout (arab. Gewürzmischung) nach Belieben
3–4 EL Maismehl (Maizena oder Mehl)
Salz, Pfeffer
Öl zum Anbraten
1 KL Olivenöl oder Butter
1 EL gehackte Petersilie

FÜR DAS BÜRO

1 Tomate
½ Gurke

ZUBEREITUNG

Truthahnbrust in mundgerechte Würfel schneiden. In eine Schüssel geben, salzen, pfeffern und mit etwas Maismehl bestauben. Die Tomaten nach Belieben schälen (dafür kurz in siedendes Wasser tauchen, heraus -

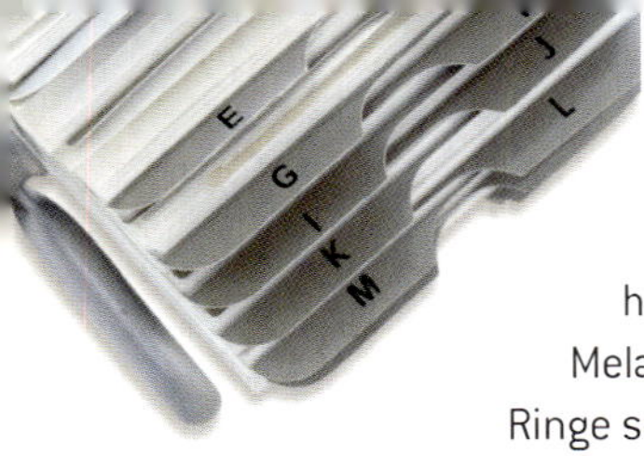

heben und die Haut abziehen) und in kleine Würfel schneiden. Melanzani gut waschen und würfelig, die Zwiebel in Streifen oder Ringe schneiden.

In einem großen Topf 3–4 Esslöffel Öl erhitzen und die Truthahnwürfel darin rundum gut anbraten. Wieder herausheben und in einer Schüssel warmhalten. Noch etwas frisches Öl zugießen, Zwiebelwürfel hell anrösten. Melanzani zugeben, kurz durchrühren und die Tomaten sowie die Rosinen einrühren. Salzen, pfeffern und mit je einer Prise der gewünschten Gewürze aromatisieren.
Zugedeckt einige Minuten dünsten, bis die Melanzani schön weich sind. Währenddessen bei Bedarf etwas Hühnersuppe nachgießen. Dann Truthahnfleisch wieder zugeben und erwärmen. Abschließend die Pinienkerne einrühren und alles nochmals abschmecken.
Inzwischen für das Couscous je nach Anleitung etwa dieselbe Menge Wasser aufkochen. Salzen, Couscous zugeben, vom Herd nehmen und zugedeckt quellen lassen, bis die Flüssigkeit aufgenommen wurde. Dann ein kleines Stück Butter oder etwas Olivenöl unterrühren und Couscous mit einer Gabel gut auflockern.

FINALE FÜR ZU HAUSE

Das fertige Couscous auf vorgewärmten Tellern kreisrund anrichten. Truthahn-Melanzani-Topf in der Mitte anrichten und mit gehackter Petersilie bestreuen.

FINALE FÜR DAS BÜRO

Truthahntopf und Couscous getrennt auskühlen lassen. Im Büro Tomate sowie Gurke kleinwürfelig schneiden und mit Couscous und Truthahntopf vermengen. „Couscous-Salat“ nochmals abschmecken. Mit gehackter Petersilie bestreuen.

HÜHNERGESCHNETZELTES IN SENFSAUCE MIT KRÄUTERSPÄTZLE

ZUTATEN FÜR 2 PORTIONEN

350–400 g Hühnerbrust
1 Pkg. fertige Spätzle
150 g Champignons
1 kl. Zwiebel
1 Glas trockener Weißwein
Schuss Cognac
150 ml Rindsuppe oder Wasser
150 ml Schlagobers oder Sauerrahm
1 KL edelsüßes Paprikapulver
1 KL zerdrückte Kapern
1–2 EL Dijonsenf
2 EL gehackte Kräuter nach Belieben
Weißweinessig
Mehl
Majoran
Salz, Pfeffer
Pflanzenöl
Butter für die Spätzle

ZUBEREITUNG

Zwiebel und Champignons jeweils blättrig schneiden. Die Hühnerbrust in feine Streifen schnetzeln. Salzen, pfeffern und in Mehl wälzen. In einer Pfanne Öl erhitzen und die Hühnerstreifen rundum kurz anbraten. Wieder herausheben und warm stellen. Etwas frisches Öl zugeben und die Zwiebeln langsam hell anschwitzen. Champignons und Kapern einrühren und kurz durchrösten. Dann Senf und Paprikapulver einrühren, mit einem Schuss Essig ablöschen. Cognac sowie Wein zugießen und alles aufkochen lassen. Rindsuppe und Schlagobers beigeben und die Sauce mollig einkochen lassen. Hühnerstreifen wieder zugeben und nochmals kurz ziehen lassen. Mit Salz, Pfeffer sowie Majoran abschmecken.
Inzwischen die Spätzle in Salzwasser nach Anleitung kochen, abseihen und abtropfen lassen. In einer Pfanne etwas Butter schmelzen, die Spätzle einrühren, Kräuter darüberstreuen und mit Salz sowie Pfeffer würzen. Auf vorgewärmten Tellern mit dem Hühnergeschnetzelten anrichten.

HÜHNERMEDAILLONS IN MARSALASAUCE AUF PAPPARDELLE

ZUTATEN FÜR 2 PORTIONEN

350–400 g Hühnerschnitzerl
200 g Pappardelle (breite Bandnudeln)
1–2 EL Semmelbrösel
1 Glas Marsala (Madeira oder anderer Süßwein)
150 ml Rindsuppe
Salz, Pfeffer, Mehl
Zitronensaft
1 EL Butter, 3–4 EL Olivenöl
frische Basilikumblätter

ZUBEREITUNG

Die Hühnerschnitzerl in kleinere Medaillons schneiden, salzen, pfeffern, mit etwas Zitronensaft beträufeln und einige Minuten ziehen lassen. Inzwischen in einem großen Topf die Nudeln nach Anleitung al dente kochen. Abseihen und mit wenig Olivenöl vermengen. Frisch gezupfte Basilikumblätter untermengen. Parallel dazu in einer passenden Pfanne Butter mit etwas Olivenöl erhitzen. Die Medaillons auf beiden Seiten in Mehl wälzen und im heißen Fett rundum kurz anbraten. Nach wenigen Minuten wieder herausheben und abgedeckt warm halten. In den Bratenrückstand die Brösel einrühren, mit Marsalawein lösen und kräftig aufkochen. Rindsuppe zugießen und sämig einkochen lassen. Mit einem Schuss Zitronensaft geschmacklich abrunden. Die Hühnermedaillons wieder einlegen und kurz darin ziehen lassen. Auf vorgewärmten Tellern anrichten, mit Sauce beträufeln und die Pappardelle daneben platzieren.

Aus 1 mach 2

MASCARPONECREME MIT MINZE

Ich wurde in eine Zeit hineingeboren, in der in Österreich kaum jemand wusste, was Mascarpone denn sei, geschweige denn, dass man ihn irgendwo kaufen konnte. Das hat sich mittlerweile geändert. Glücklicherweise, denn aus dieser sündhaften Kalorienbombe lassen sich unglaublich viele Nachspeisen zaubern. Hier eine der einfachsten Varianten.

ZUTATEN FÜR 4 PORTIONEN

500 g Mascarpone oder Mascarino
150 ml Schlagobers
1 Handvoll Minzeblätter
20–40 ml Pfefferminzlikör
Schuss Zitronensaft
1 EL Staubzucker
1 Pkt. Vanillezucker
200 g Himbeeren als Garnitur
Staubzucker zum Marinieren

ZUBEREITUNG

Die Himbeeren verlesen, waschen und wirklich gut abtropfen lassen. Dann in einer kleinen Schüssel mit Staubzucker bestreuen und ziehen lassen.
Inzwischen die Minzeblätter mit einem scharfen Messer fein schneiden oder hacken. Mit dem Mascarpone vermengen und mit Staub- sowie Vanillezucker, Zitronensaft und Pfefferminzlikör aromatisieren. Nun das Schlagobers schlagen, unterziehen und nochmals abschmecken.

FINALE FÜR ZU HAUSE

Die Minzcreme in Schalen oder Gläser füllen und mit den gezuckerten Himbeeren rundum garnieren.

FINALE FÜR DAS BÜRO

Himbeeren und Creme getrennt kühl stellen und erst im Büro miteinander vermengen. (Am besten wäre es freilich, auch das Schlagobers erst im Büro unter den Mascarpone zu rühren!)

Aus 1 mach 2

BEERENPOFESEN

Diese „Armen Ritter", wie die Pofesen auch oft genannt werden, müssten eigentlich „Glückliche Ritter" heißen, denn sie sind so vielseitig, dass man sie nahezu mit allem füllen kann, worauf man gerade Gusto hat. Ich fülle sie auch gerne mit Powidl und anderen Marmeladen, aber auch mit Räucherlachstopfen, Kräutercreme oder einer Schinken-Käse-Mischung. Gezuckert wird dann freilich nicht!

ZUTATEN FÜR 4 POFESEN

8 Scheiben (Vollkorn-)Toastbrot
100 g Erdbeeren
4–6 EL Erdbeermarmelade
300–400 ml Milch zum Wenden
Zitronensaft
Staub- bzw. Kristallzucker
Rum nach Belieben
Zimt, Vanillezucker
2 Eier
1–2 EL Mehl
Pflanzenöl

ZUBEREITUNG

Die Erdbeeren in sehr feine Scheiben schneiden, mit etwas Zitronensaft beträufeln, mit wenig Staubzucker und nach Wunsch auch noch mit einem Schuss Rum vermengen. Einige Minuten ziehen lassen. Inzwischen von den Toastbroten die Rinde wegschneiden. Die marinierten Erdbeeren mit Erdbeermarmelade vermischen und auf vier Brotscheiben auftragen. Mit den restlichen Broten abdecken und gut andrücken.
In einem Suppenteller die Milch mit einem Schuss Rum, Vanillezucker sowie Zimt aromatisieren. Die Eier in einem anderen Teller verschlagen und mit Mehl glatt verrühren. Reichlich Öl in einer tiefen Pfanne erhitzen. Nun die Pofesen zuerst kurz in der aromatisierten Milch auf beiden Seiten wenden, dann durch das Ei ziehen und sofort in das heiße Öl einlegen. Goldbraun backen, wenden und auch auf dieser Seite knusprig herausbacken. Herausheben und auf Küchenkrepp gut abtropfen lassen.

FINALE FÜR ZU HAUSE

Vor dem Anrichten etwas Staubzucker mit Zimt vermengen und durch ein Sieb auf die Pofesen streuen.

FINALE FÜR DAS BÜRO

Die Pofesen gut abtupfen und noch heiß mit Kristallzucker sowie Zimt bestreuen. Auskühlen lassen. Danach mit Alufolie locker abdecken und im Büro, eventuell mit frischen Beeren, kalt genießen.

GEBACKENE APFELSPALTEN

ZUTATEN FÜR 3–4 PORTIONEN

4 Äpfel
200–250 ml Milch
2 Eier
100–150 g Mehl
1 Pkt. Vanillezucker
Zimtpulver
2 EL Kristallzucker
Zitronensaft
Salz
Pflanzenöl
Staubzucker zum Bestreuen

ZUBEREITUNG

Die Eier in eine hohe Schüssel schlagen und mit der Milch versprudeln. Zucker, eine kleine Prise Salz sowie Vanillezucker einrühren und mit dem Mehl zu einem ziemlich dickflüssigen Teig verrühren. Bei Bedarf noch Mehl einrühren. Teig etwa 10 Minuten stehen lassen.
Inzwischen die Äpfel schälen, mit einem Ausstecher das Kerngehäuse ausstechen und die Äpfel in Scheiben schneiden. (Oder die geschälten Äpfel einfach in Spalten schneiden und dabei das Kerngehäuse auslösen.) Mit etwas Zitronensaft beträufeln und mit Zimt bestreuen.
In einer großen Pfanne reichlich Öl erhitzen. Die Apfelspalten durch den Teig ziehen und schwimmend in heißem Öl auf beiden Seiten goldgelb herausbacken. Mit einem Schaumlöffel herausheben und auf Küchenkrepp abtropfen lassen. Mit Staubzucker und Zimt bestreuen.

Aus 1 mach 2

MIT ERDBEERTOPFEN GEFÜLLTE ORANGE

ZUTATEN FÜR 4 PORTIONEN

4 Orangen
ca. 300 g Erdbeeren
250 g Topfen
Schuss Grand Marnier oder Maraschino
2–3 Blätter Gelatine
1 Pkt. Vanillezucker
Zucker nach Belieben
Minzeblätter zum Garnieren
Hohlhippen, Biskotten oder Butterkekse als Garnitur

ZUBEREITUNG

Orangen auf die Arbeitsfläche stellen und das obere Drittel so abschneiden, dass die Orange ausgehöhlt werden kann. Fruchtfleisch in kleine Würfel schneiden, den Saft abseihen. Die Erdbeeren zur Hälfte mit der Gabel zerdrücken oder pürieren. Die andere Hälfte grob schneiden und mit Grand Marnier beträufeln. Den abgeseihten Orangensaft leicht erwärmen. Gelatine in kaltem Wasser einweichen, ausdrücken und im Orangensaft auflösen.

Nun Topfen mit den zerdrückten Erdbeeren, Orangenwürfeln, aufgelöster Gelatine und Vanillezucker verrühren. Nach Geschmack süßen. Die marinierten Erdbeeren locker unterheben.

FINALE FÜR ZU HAUSE

Einen Teil der Creme in die Orangen füllen. Kurz kalt stellen, bis die Creme ein bisschen anzieht. Vor dem Servieren mit Minzeblättern garnieren.

FINALE FÜR DAS BÜRO

Restliche Creme einfach in eine Frischhaltebox füllen und kalt stellen. Im Büro nochmals durchrühren und mit Hohlhippen, Biskotten oder Butterkeksen auftragen.

BRATAPFEL MIT WALNUSSEIS

ZUTATEN FÜR 2 PORTIONEN

2 große Äpfel
Walnusseis nach Belieben
ca. 10 Gewürznelken
Kristallzucker
Zimt
flüssige Butter oder Öl zum Bestreichen

ZUBEREITUNG

Das Backrohr auf 180 °C vorheizen und eine Bratform mit Butter oder Öl ausstreichen.
Die Äpfel waschen, trocken reiben und jeweils rundum gut mit geschmolzener Butter oder Öl einstreichen. In einem Suppenteller nicht zu wenig Kristallzucker mit Zimtpulver vermengen und die Äpfel darin wälzen. Aufstellen und rundum mit Gewürznelken spicken. In die befettete Form setzen und im heißen Backrohr ca. 40 Minuten backen.
Weich gebratene Äpfel herausheben, auf Tellern anrichten und mit Walnusseis servieren.

Aus 1 mach 2

SCHOKOLADEREIS MIT PINIENKERNEN

Foto Seite 176/177

ZUTATEN FÜR 4 PORTIONEN

ca. 500 ml Milch (je nach Reis auch mehr)
1 Glas Süßwein (Trockenbeeren-auslese, Met oder Pflaumenwein)
150 ml Schlagobers
1 EL Butter
150 g Rundkornreis
2 EL Pinienkerne
100 g klein gehackte Schokolade
1 Zimtstange oder kräftige Prise Zimt
Mark von 1 Vanillestange oder Vanillezucker
Prise Salz
Kristallzucker
Für das Büro zusätzlich:
2–3 Blätter Gelatine
40 ml Cointreau
(oder anderer Likör)

FÜR DIE GARNITUR NACH BELIEBEN

geriebene Schokolade
braune Butter
geschlagenes Obers bzw. Fertigschlagobers
frisches Obst (Beeren, Trauben, Physalis etc.)

ZUBEREITUNG

In einem Topf die Milch mit Wein, flüssigem Schlagobers, Butter, Zimt, Vanille und einer kleinen Prise Salz langsam aufkochen. Reis einrühren und auf kleiner Hitze unter stetigem Umrühren so lange garen, bis die Flüssigkeit aufgenommen worden und der Reis weich geworden ist. Dabei eventuell etwas Wein oder Milch nachgießen. Die Gewürzstangen herausnehmen. Die Pinienkerne nach Belieben kleiner schneiden und gemeinsam mit der gehackten Schokolade unter den Reis rühren. Bei Bedarf noch mit Zucker süßen.

FINALE FÜR ZU HAUSE

Schokoreis jeweils auf Tellern anrichten. Mit etwas geriebener Schokolade bestreuen und mit flüssiger brauner Butter beträufeln. Nach Belieben mit geschlagenem Obers und frischem Obst umlegen.

FINALE FÜR DAS BÜRO

Gelatine in kaltem Wasser einweichen, Cointreau leicht erwärmen. Gelatine ausdrücken und im Cointreau auflösen. In den Reis einrühren, in passende Förmchen füllen und kalt stellen.
Im Büro mit frischem Obst und Fertigschlagobers garnieren.

Schokoladereis
mit Pinienkernen
Rezept Seite 175

4. KOLLEGENALARM

Wenn die lieben Kollegen aus der Arbeit
zum Dinner kommen

Tapas
Rezept Seite 180

TAPAS, TAPAS
(GAMBAS IN CHILIÖL, SALAMI-STANITZERL UND GEFÜLLTE TOMATEN)

Foto Seite 178/179

ZUTATEN FÜR 4 PORTIONEN
FÜR DIE GAMBAS IN CHILIÖL

12 geputzte frische Garnelen (mit Schwanzende)
4 gehackte Knoblauchzehen
1 gehackte Chilischote
Salz, Pfeffer
4 Zitronenscheiben
1 EL gehackte Petersilie
Olivenöl zum Braten

FÜR DIE SALAMI-STANITZERL

8 Blätter scharfe Paprikasalami
2 EL eingelegte, fein gehackte Pfefferonischoten
2 EL schwarze, fein gehackte Oliven

FÜR DIE GEFÜLLTEN TOMATEN

4 kleine Tomaten
100 g fester Schaf- oder Ziegenkäse
3 gehackte Frühlingszwiebeln
1 EL gehackter Thymian
Olivenöl
Salz, Pfeffer

ZUBEREITUNG

Für die Salami-Stanitzerl die gehackten Pfefferonischoten mit den Oliven vermengen. Jedes Salamiblatt zu einem Stanitzerl (oder Röllchen) drehen, mit einem Cocktailspießchen fixieren und mit der Olivenfülle füllen. Für die gefüllten Tomaten das obere Drittel jeder Tomaten abschneiden. Tomaten aushöhlen, Fruchtfleisch fein würfeln und mit dem in kleine Würfel geschnittenen Ziegenkäse sowie den Zwiebelwürfeln vermengen. Salzen, pfeffern, mit etwas Öl beträufeln und gehackten Thymian unterrühren. In die Tomaten füllen. Tomaten und Salami-Stanitzerl anrichten, rundum mit den allfällig übrig gebliebenen Füllmassen nett dekorieren.

In einer kleinen, tiefen Pfanne reichlich Olivenöl erhitzen. Knoblauch und Chili zugeben und kurz anschwitzen. Garnelen einmengen und bei sehr großer Hitze etwa 2–3 Minuten gar braten, bis die Garnelen innen noch schön saftig sind. Vom Feuer nehmen, salzen, pfeffern, mit gehackter Petersilie bestreuen und mit je einer Zitronenscheibe garnieren. Am besten in der Pfanne auftragen und mit viel reschem Weißbrot servieren, mit dem man das feine Chili-Olivenöl auftunken sollte.

Kollegentratsch

Also, ich war ja heuer in Spanien. Die machen Chili-Gambas! Was die für Chili dazugeben, unfasssbar, und sie schmoren die Gambas im ultra-heißen Backrohr in kleinen Tontöpfchen. Da brodelt das Olivenöl noch, wenn sie dir die Gambas servieren – aber super!

WEINSCHAUMSUPPE MIT ZIMTCROÛTONS

Wenn ich zu sehr unter Zeitdruck stehe und die Suppe lieber schon einige Stunden früher vorbereiten möchte, so koche ich stattdessen eine samtige Knoblauchcremesuppe, die nur zum Schluss mit 1–2 Dottern legiert wird. Die Basis ist eine robuste, kräftige Einbrenn und natürlich viel, viel Knoblauch!

ZUTATEN FÜR 4 PORTIONEN

400–500 ml kräftige Rindsuppe
200 ml Sauvignon Blanc (oder ein anderer trockener Weißwein)
150 ml Schlagobers
3–4 Eidotter
2 Frühlingszwiebeln
Salz, weißer Pfeffer
Zimt, Muskatnuss
Butter
4 EL Weißbrotwürfel

ZUBEREITUNG

Die Frühlingszwiebeln sehr fein hacken und in etwas Butter hell (nicht zu dunkel!!) anschwitzen. Rasch mit Suppe aufgießen und einmal kräftig aufkochen lassen. Den Wein zugießen. Schlagobers mit den Eidottern versprudeln, einrühren und auf kleinster Hitze so lange mit dem Schneebesen schlagen, bis die Suppe sämig wird. Die Suppe darf dabei nicht mehr kochen, da die Dotter sonst ausflocken! Mit Salz, Pfeffer, Muskatnuss und Zimt abschmecken.
Parallel dazu in einer Pfanne etwas Butter schmelzen und die Weißbrotwürfel unter wiederholtem Umrühren darin knusprig rösten.
Mit Zimt kräftig bestreuen und vor dem Servieren über die Suppe streuen.

WALLER AUF ZUCCHINI-MELANZANI-GEMÜSE MIT GEWÜRZREIS

ZUTATEN FÜR 4 PORTIONEN

600–800 g Wallerfilet
(Wels oder andere Fischfilets)
1 Melanzani
2 Zucchini
3 Tomaten
1 Zwiebel
1–2 EL Pinienkerne
Mehl zum Wenden
Zitronensaft
Ras-el-Hanout (Muskatnuss, Zimt, Nelken, Chili, Kardamom, Kurkuma etc.)
Salz, Pfeffer
Zimt
4–5 Gewürznelken
Weißwein oder Gemüsesuppe
Olivenöl
2–3 EL gehackte Petersilie

FÜR DEN GEWÜRZREIS

1 große Tasse Reis
ca. 2 ½ Tassen Gemüsesuppe oder Wasser
5–6 Gewürznelken
1 kleine Zimtstange
etwas Sternanis
1 EL Pinienkerne
½ EL Rosinen
2 Frühlingszwiebeln
einige Safranfäden
Salz, Pfeffer
1–2 EL Butter oder Butterschmalz

ZUBEREITUNG

Die Filets in vier oder acht Portionsstücke schneiden. Mit Zitronensaft beträufeln und mit Salz, Pfeffer sowie Ras-el-Hanout kräftig würzen. Etwa 10 Minuten ziehen lassen. Inzwischen das Gemüse in kleine Würfel schneiden, die Zwiebel fein hacken. In einem Topf Olivenöl erhitzen und die Zwiebelwürfel hell anschwitzen. Melanzani zugeben und einige Minuten mitdünsten. Dann Tomaten und Zucchini einmengen und das Gemüse für etwa 5 Minuten köcheln lassen. Salzen, pfeffern und Zimt, Gewürznelken sowie die Pinienkerne unterrühren.

Inzwischen das Backrohr auf 180 °C vorheizen. Eine feuerfeste Form mit dem Gemüse auslegen. Etwas Weißwein oder Gemüsesuppe darübergießen. Die Filets in Mehl wenden und in einer Pfanne nacheinander in heißem Olivenöl ganz kurz auf beiden Seiten je 1 Minute anbraten. Fischfilets auf das Gemüse legen, mit etwas Olivenöl beträufeln und im heißen Backrohr je nach Stärke der Filets 5–10 Minuten fertig garen. Filets herausheben, mit dem Gemüse anrichten und großzügig mit gehackter Petersilie bestreuen.

Währenddessen für den Gewürzreis die Frühlingszwiebeln in feine Ringe schneiden und in heißer Butter oder Butterschmalz hell anschwitzen. Reis zugeben, kurz durchrühren und mit Gemüsesuppe oder Wasser aufgießen. Safranfäden in wenig Suppe einweichen. Nelken, Zimtstange, Sternanis sowie Rosinen zugeben, salzen, pfeffern und zugedeckt 18–20 Minuten garen. Dabei ab und an umrühren und nach etwa 10 Minuten den Safran zugeben. Fertigen Reis nochmals abschmecken und die Pinienkerne unterrühren. Gewürzreis mit Filets servieren.

GESCHMOLZENER BLAUSCHIMMELKÄSE AUF ERDÄPFELN

Wenn ich Gäste mit nicht so abenteuerlustigem Gaumen bewirte, so ersetze ich den kräftigen Blauschimmelkäse durch eher milden Rotschmier- oder Butterkäse. Auch bei der Garnitur nehme ich gerne Rücksicht auf Jahreszeit und Geschmacksvorlieben meiner Gäste. Da kommen dann auch schon hin und wieder frische Erdbeeren, Feigen, Weintrauben oder Äpfel auf den Teller.

ZUTATEN FÜR 4 PORTIONEN ALS ZWISCHENGANG ODER DESSERT

12 kleine Heurige (junge Erdäpfel) in der Schale
ca. 150 g Blauschimmelkäse (Gorgonzola, Österzola etc.)
3–4 EL zimmerwarme Butter
Birnenschnaps
Zitronensaft
Birnen, Walnusshälften, Kürbiskerne etc. als Garnitur
Butter für die Förmchen
Muskatnuss
Salz, Pfeffer

ZUBEREITUNG

Die Erdäpfel gut waschen und in der Schale ca. 15 Minuten weich kochen. Herausheben und kurz überkühlen lassen. Inzwischen vier kleine Förmchen mit Butter ausstreichen und so viel Birnenschnaps eingießen, dass der Boden gerade bedeckt ist.
Den Blauschimmelkäse mit der Gabel zerdrücken, zimmerwarme Butter grob daruntermischen und einen Schuss Birnenschnaps zugeben. Alles locker vermengen. Das Backrohr bei maximaler Oberhitze vorheizen.
Nun die Erdäpfel halbieren und mit der Schnittseite nach oben in die Förmchen einordnen. Mit wenig Salz, Pfeffer sowie je einer Prise Muskatnuss würzen. Käsemasse mit einem Kaffeelöffel in Form von kleinen Häufchen auf die Erdäpfel auftragen und im heißen Backrohr etwa 5 Minuten gratinieren, bis der Käse schön „fließt". Währenddessen die Birnen in Spalten schneiden und auf Tellern kreisförmig anrichten. Mit wenig Zitronensaft beträufeln. Kürbiskerne in einer (beschichteten) Pfanne ohne Fett knusprig rösten. Förmchen herausnehmen, in die Mitte der Teller stellen und das Dessert mit den gerösteten Kürbiskernen und Walnusshälften garnieren.

LAMMKOTELETTS MIT GLASIERTEN ERBSENSCHOTEN UND ROSMARINPOLENTA

Foto Seite 187

Gäste zu bewirten, bedeutet immer Stress. Ich versuche daher, Gerichte möglichst weit vorzubereiten, wenn möglich auch schon vorzugaren und dann im mäßig temperierten Backrohr warm zu halten. Erbsenschoten und cremige Polenta sind in diesem Rezept klassische Kandidaten dafür. Bleibt die volle Konzentration auf den richtigen Garpunkt bei den Koteletts!

ZUTATEN FÜR 4 PORTIONEN

12–16 kleine Lammkoteletts
500 g Erbsenschoten
1 Rosmarinzweig
getrockneter Thymian
2 Knoblauchzehen
Schuss Wermut
Rindsuppe zum Aufgießen
Salz, Pfeffer
Butter
Olivenöl
Basilikumblätter

FÜR DIE POLENTA

250 g feine Polenta
ca. 700 ml klare Gemüsesuppe, Milch oder Wasser
150 ml Schlagobers
getrockneter Rosmarin
Salz, Pfeffer
Olivenöl oder Butter

ZUBEREITUNG

Etwas Olivenöl kräftig mit Salz, Pfeffer sowie getrocknetem Thymian würzen und die Koteletts damit rundum gut einstreichen. 5 Minuten ziehen lassen. In einer Pfanne Olivenöl erhitzen, Knoblauchzehen halbieren und ebenso wie das Rosmarinzweiglein zugeben. Lammkoteletts einlegen und kurz sehr kräftig auf beiden Seiten anbraten. Hitze reduzieren und langsam je nach Stärke 4–8 Minuten rosa braten. Herausheben, in Alufolie hüllen und rasten lassen. Den Bratrückstand mit einem Schuss Wermut lösen, aufkochen lassen und nochmals etwas Rindsuppe zugießen. Bei kräftiger Hitze sämig einkochen. Inzwischen die Erbsenschoten in etwas Rindsuppe ganz kurz (1–2 Minuten) ziehen lassen. Überschüssige Suppe abgießen, 2–3 Esslöffel Butter einrühren und die Erbsen darin bei geringer Hitze noch wenige Minuten glasieren. Dabei wiederholt wenden und mit Butter übergießen. (Die Erbsenschoten sollten noch richtig bissfest sein!) Basilikumblätter zupfen, unter die Erbsenschoten rühren.

Parallel dazu für die Rosmarinpolenta Suppe, Milch oder Salzwasser aufkochen lassen, die Polenta einrieseln lassen und unter wiederholtem Umrühren auf kleinster Hitze einige Minuten köcheln lassen. Wird die Polenta zu fest, noch etwas Flüssigkeit nachgießen. Schlagobers zugießen, salzen, pfeffern und mit Rosmarin würzen. Gerät die Polenta zu flüssig, quellen lassen, bis sie schon cremig ist. Dabei aber ständig umrühren. Abschließend etwas Olivenöl oder Butter einrühren, gegebenenfalls im heißen Backrohr warm stellen. Fertige Polenta auf vorgewärmten Tellern anrichten, die Koteletts und die Erbsenschoten darauf drapieren.

Aus 1 mach 2, 3 …

GEBRATENES HÜHNCHEN IN MANDELSAUCE

ZUTATEN FÜR 4 PORTIONEN

Hühnerhaxerl und Flügerl nach Belieben
1 Hühnerbrust (oder 2 ganze Hühner in Teile zerlegt)
getrockneter Rosmarin
2–3 Knoblauchzehen
gehackte Petersilie, Kresse oder Minze
Olivenöl
Salz, Pfeffer

FÜR DIE MANDELSAUCE

2 Scheiben Toastbrot
1/2 Bund Frühlingszwiebeln
100 g geriebene Mandeln
40 ml Amaretto (Mandellikör)
ca. 400 ml klare Geflügelsuppe
1 kl. Glas trockener Weißwein
1 kräftiger Schuss Schlagobers
Weißweinessig und Zimtpulver
Salz, Pfeffer
2 EL Butter

ZUBEREITUNG

Knoblauch fein hacken. Etwas Öl mit Knoblauch sowie Rosmarin vermengen, kräftig salzen und pfeffern. Die Hühnerhaxerl nach Belieben in Ober- und Unterkeule trennen, die Brust in kleinere Stücke teilen und alles mit dem Gewürzöl bestreichen. Kurz ziehen lassen. Backrohr auf 180 °C vorheizen. In einer heißen Pfanne die Hühnerteile rundum golden anbraten. Wieder heraus - heben und bis auf die Hühnerbrust in eine Bratenform einlegen. Im heißen Backrohr unter einmaligem Wenden etwa 15–20 Minuten braten.

Inzwischen die Frühlingszwiebeln fein schneiden. Toastbrot mit Amaretto sowie Schlagobers übergießen und einweichen.

In einem Topf die Butter langsam schmelzen und die Frühlingszwiebeln darin hell anschwitzen. Mandeln einrühren, kurz durchrühren und mit Weißwein ablöschen.

Aufkochen lassen, dann mit Geflügelsuppe aufgießen. Toastbrot zwischen den Fingern sehr fein zerkrümeln und mit der Flüssigkeit zugeben. Mit dem Schneebesen gut durchrühren und mit Salz, Pfeffer sowie Zimt abschmecken. Sauce sämig einkochen lassen. Nun Hühnerbrust ebenfalls in die Bratenform geben. Mandelsauce über die Hühnerteile gießen und die Hühnerteile noch 10–15

Minuten fertig braten, bis beim Anstechen mit einem Spießchen nur mehr klarer Saft austritt. Währenddessen bei Bedarf noch etwas Hühnersuppe zugießen. Hühnerteile herausheben, auf einer vorgewärmten Platte anrichten und die Sauce über die Teile träufeln. Mit gehackter Petersilie bestreuen. Dazu passen Erdäpfelkroketten, Petersilerdäpfel oder knuspriges Baguette.

Aus 1 mach 2, 3 ...

Wenn Sie bei dieser Gelegenheit gleich mehr Huhn braten, als Sie Ihren Gästen offerieren wollen, können Sie dies am nächsten Tag vielfältigst weiter verwerten.

1. Für **Kaltes Hühnchen** braten Sie die nicht benötigten Hühnerteile ohne Zugabe von Sauce weiter und genießen Sie diese am nächsten Tag einfach kalt. Dazu passt knuspriges Gebäck und Gurkensalat.
2. Für **Hühnersalat** die kalten Hühnerteile auslösen und das Fleisch klein schneiden. Mit Ananasstückchen, Äpfeln, gehackten Nüssen, aber auch mit gekochten Nudeln zu einem fein mit Curry und Sauerrahm abgeschmeckten Salat vermischen.
3. Für **Hühnerg'röstl** das kalte Fleisch klein schneiden und gemeinsam mit gekochten Erdäpfelscheiben sowie Gemüse nach Geschmack knusprig rösten. Abschließend verschlagene Eier darübergießen und cremig stocken lassen.
4. Last but not least können Sie alle Hühnerteile wie beschrieben zubereiten und den Rest am nächsten Tag, etwa mit rasch aufgewärmten Tortillafladen, kalt oder warm nochmals essen.

Aus 1 mach 2

DUNKLE SCHOKOLADECREME MIT ORANGENLIKÖR

Manche meiner Gäste sind echte Schokotiger. Für sie bereite ich hin und wieder auch gerne zusätzlich Mousse aus weißer Schokolade zu, die ich mit Mandellikör aromatisiere. Angerichtet werden dann abwechselnd kleine dunkle und helle Nockerln nebeneinander. Sieht gut aus und schmeckt auch so!

ZUTATEN FÜR 4 PORTIONEN

200 g gute dunkle Schokolade (70 % Kakaoanteil)
3–4 Eier
1–2 EL starker Kaffee (vom Frühstück etc.)
1 kl. Stamperl Orangenlikör (Grand Marnier oder Cointreau)
Prise Zucker
Minze zum Garnieren

ZUBEREITUNG

Schokolade in Stücke brechen, in einen Topf geben und mit sehr wenig Kaffee auf allerkleinster Flamme ganz langsam schmelzen (oder im heißen Wasserbad zum Schmelzen bringen). Dabei wiederholt umrühren. Inzwischen Eier trennen, Eiklar schlagen, eine Prise Zucker zugeben und zu festem Schnee schlagen. Nun Eischnee abwechselnd mit den Dottern und Orangenlikör nach und nach unter die Schokolade rühren. In dekorative Schalen füllen und mit Folie abgedeckt kalt stellen. Vor dem Servieren mit Minzeblättern garnieren.

FINALE FÜR ZU HAUSE

Vor dem Servieren mit Minzeblättern garnieren.

FINALE FÜR DAS BÜRO

Kühl stellen und im Büro genießen.

PHARISÄER-KAFFEE ODER IRISH COFFEE

ZUTATEN FÜR 4 PORTIONEN

4 große Tassen heißer, starker Kaffee
150 ml Schlagobers
4 kl. Stamperl Rum für Pharisäer
4 gr. Stamperl Whisky für Irish Coffee
Zucker nach Belieben
Schokoflocken oder Kakaopulver

ZUBEREITUNG

Zunächst möglichst dekorative hohe Tassen oder Gläser mit heißem Wasser vorwärmen. Das Schlagobers Raumtemperatur annehmen lassen und den Rum bzw. Whisky in ein ebenfalls heiß ausgespültes Glas gießen.
Nun das Obers steif schlagen. Den heißen Kaffee in die vorgewärmten Tassen gießen.
Je nach Wunsch lauwarmen Rum oder Whisky zugießen, nach Belieben süßen und mit geschlagenem Obers auffüllen. Mit Schokoladeflocken oder Kakaopulver bestreuen.

Aus 1 mach 2

GRATINIERTES ERDBEER-RHABARBER-TÖPFCHEN

Foto Seite 193

ZUTATEN FÜR 4 PORTIONEN

300 g Erdbeeren
300 g Rhabarber
200 g Topfen
2 Eidotter
2 Eiklar
1 Glas Rotwein
40 ml Grand Marnier (Orangenlikör)
Zitronensaft, Zucker, Zimt
Salz, Butter

ZUBEREITUNG

Backrohr auf 220 °C vorheizen.
Rhabarber schälen, in mundgerechte Stücke schneiden. In einem kleinen Topf mit wenig Rotwein, Zucker und Zimt kurz zugedeckt dünsten, bis der Rhabarber bissfest, aber nicht zerkocht ist. Die Erdbeeren halbieren und mit Zitronensaft beträufeln.

FINALE FÜR ZU HAUSE

Eiklar mit einer winzigen Prise Salz steif schlagen. Dotter mit dem Topfen glattrühren, zuckern und locker unter den Schnee heben. Vier feuerfeste Förmchen gut mit Butter ausstreichen, mit Kristallzucker ausstreuen. Erdbeeren und Rhabarber vermengen, mit Cointreau beträufeln und in die Förmchen füllen. Die Schneemasse auftragen. Ins Rohr schieben und einige Minuten lang goldbraun überbacken.

FINALE FÜR DAS BÜRO

Etwas mehr Erdbeeren und Rhabarber marinieren, aber nicht gratinieren, sondern nur kühl ziehen lassen. Am nächsten Tag im Büro etwas Topfen mit Zimt und Zucker aromatisieren und die kalte Beerenschale damit garnieren.

REGISTER

Der Höhepunkt eines festlichen Essens: frisch und knusprig kommt der duftende Braten aus dem Ofen und auf die Teller. Der gelungene Braten ist kein Mysterium, wenn man sich diesem Buch anvertraut – das zuverlässige Kompendium für den Hobbykoch!

Christoph Wagner
BRATENKÜCHE
150 feine Rezepte von Geflügel bis Wild

240 Seiten, 17 x 24 cm
durchg. Farbe, Hardcover mit SU
€ 24,95 · ISBN: 978-3-85431-525-4

pichler verlag

Die Autorin

RENATE WAGNER-WITTULA, in Addis Abeba geborene Linzerin, studierte Germanistik, Anglistik und Kulturelles Management in Wien; Mutter von zwei Töchtern; freie Schriftstellerin und Lektorin; zahlreiche Veröffentlichungen; Redaktionsleiterin von „Wo isst Österreich?". Gemeinsam mit ihrem verstorbenen Ehemann Christoph Wagner betreute sie für den Pichler Verlag zahlreiche Kochbuch-Bestseller („Die Mittelmeerküche", „Schnelle Küche", „Das Neue Sacher Kochbuch" und „Bratenküche").
Ihr Bestseller „Das-Kind-geht-aus-dem-Haus-KOCHBUCH" erreichte bereits 6 Auflagen.

Der Fotograf

PETER BARCI, geboren 1955 in Budapest, hat sich seit 1984 auf Food-Fotografie spezialisiert. Er arbeitet in seinem Wiener Studio als Werbefotograf für Kunden aus der Lebensmittelindustrie sowie für namhafte Buch- und Zeitschriftenverlage mit dem Schwerpunkt Kulinarik.